Dr. Michael Lohmann

VOGEL PARADIES GARTEN

Das Praxisbuch für die ganze Familie

Nistkastenbau

Winterfütterung

Vogeltränken

Vogelgehölze

Vogelfeinde

Vögel als Patienten

GÄRTEN ALS LEBENSRAUM FÜR VÖGEL

Welche Vögel sollen/wollen wir fördern?

Einige Vogelarten haben sich mit Erfolg an die Welt der Menschen angepasst. Eigentlich ist es keine wirkliche Anpassung im biologischen Sinn; so etwas braucht ein bisschen länger. Aber unter den Vögeln gibt es, wie bei den Tieren allgemein (und beim Menschen) Vielseitige und Spezialisten. Zu diesen Spezialisten gehört etwa der Brachvogel mit seinem langen gebogenen Schnabel, mit dem er nur in nassen Wiesen nach Nahrung stochern kann. Es gehört aber auch der Baumläufer dazu, der mit seinem schwachen, ebenfalls gebogenen Schnabel nur die lockere, grobborkige Rinde alter Bäume nach Insekten absuchen und hinter der Rinde sein Nest bauen kann.

Vögel, die derart auf bestimmte Lebensbedingungen angewiesen sind, kommen verständlicherweise in Schwierigkeiten, wenn diese Bedingungen rar werden. In unseren Kulturlandschaften mit ihrer Tendenz zur Einförmigkeit sind spezialisierte Vogelarten selten und oft in ihrem Bestand bedroht.

Neben solchen Spezialisten, von denen man noch viele nennen könnte, gibt es dann die Alleskönner unter den Vögeln. Man sieht es ihnen meistens schon an. Sie haben keinen Nussknackerschnabel wie der Kernbeißer, keinen Meißelschnabel wie die Spechte, keinen delikaten Stocherschnabel wie Bekassine und Brachvogel, keinen Hakenschnabel wie die auf Fleisch spezialisierten Greifvögel. Sie haben auch keine überlangen Beine wie Storch und Reiher, keine am Boden untauglichen Kletter- oder Schwimmfüße, und sie sind keine »Flugmaschinen« wie die Mauersegler. Sie erscheinen uns (und das zu Recht) als Prototypen des Vogels schlechthin, ausgewogen in Körpergröße, Flügel-, Bein- und Schnabellänge. Und an noch etwas erkennt man diese Alleskönner und Lebenskünstler unter unseren Vögeln: Sie sind – wen wundert's – oft besonders häufig. Zu den Allerweltsarten unter unseren Vögeln, gehören (Sie haben es längst erraten) Kohlmeisen und Haussperlinge, Buchfinken und Mönchsgrasmücken, Amseln und Krähen.

Ob eine Vogelart häufig oder selten ist, hängt allerdings nicht nur davon ab, wie spezialisiert oder vielseitig sie hinsichtlich ihres Nahrungserwerbs ist. Es gibt viele weitere Gründe. So sind große Greifvögel wie etwa der Steinadler schon deswegen selten, weil sie bei beschränktem Nahrungsangebot sehr große Reviere beanspruchen. Viele Singvogelarten, Beispiel Wiedehopf und Nachtigall, sind bei uns selten, weil ihr Hauptverbreitungsgebiet die warmen Mittelmeerländer sind. Im regenreichen Alpenvorland sind Weißstorch und Rebhuhn selten, weil ihre Jungen anhaltende Nässe und Kälte nicht überleben. Manche Arten gewöhnen sich an menschliches Treiben, andere verlieren ihre ausgeprägte Scheu nie.

Dieser sehr unvollständige Ausflug in die Ökologie und Psychologie der Vögel erschien nötig als Grundlage für eigene Urteile und Entscheidungen im Vogelschutz. So können Sie jetzt sagen: »Vogel ist Vogel; mir ist es egal, ob Meise oder Nachtigall in meinem Garten hüpft, singt und flattert. Hauptsache, es tut sich ein bisschen was.«

Oder Sie sagen: »Also diesen Lebenskünstlern wie Grün- und Buchfink, Spatz und Meise muss ich nicht unbedingt helfen mit spezieller Gartengestaltung, mit Futter und Nistkasten. Die wissen sich schon selber zu helfen. Vielleicht haben es andere Arten nötiger. Und außerdem möchte ich die besonders hübschen Arten, die besonders guten Sänger fördern.«

Da stellt sich nun gleich die Frage: Lassen sich überhaupt bestimmte Arten gezielt fördern? Die Antwort mag enttäuschen: Nur in sehr begrenztem Umfang. Aber das ist ja auch gerade das Reizvolle an der Sache. Ein Haustier kann man sich kaufen und auf verschiedene Arten an Mensch, Haus und Garten binden. Wildtiere können wir nur anlocken, versuchen zu verführen. Und wenn wir besondere Wildtiere zu uns einladen wollen, dann bedeutet das, dass wir sehr genau ihre Lebensgewohnheiten, ihre Vorlieben und Bedürfnisse kennen müssen. Nur wenn wir ihre Ansprüche kennen und sie möglichst vollständig erfüllen, wird es uns gelingen, wenigstens die eine oder andere Wildtierart in unsere Nähe zu locken, vorübergehend oder dauerhaft an unseren Garten zu binden.

Nun ist es nicht ganz so, wie oben als Alternative dargestellt: Ein Garten für Hinz und Kunz unter den Vögeln, oder ein Garten nur für begnadete Sänger, Schönheiten und Raritäten. Es wird immer darum gehen, seinen Garten ganz allgemein lebensvoll und vogelfreundlich zu gestalten, was immer auch die häufigen, gewöhnlichen Vogelarten anziehen wird.

Mit zusätzlichen Maßnahmen können wir dann versuchen, etwas gezielter solche Arten zu fördern, die uns aus diesem oder jenem Grund besonders am Herzen liegen.

Liebe geht auch bei Wildvögeln durch den Magen; manche Arten werden erstaunlich zutraulich, wenn man Geduld mit ihnen hat.

Der Garten als Ökosystem

Gärten sind Lebensräume, Biotope. Im Grunde gelten hier die gleichen Regeln und Gesetze wie überall in der Natur – und im Naturschutz. Früher hat man viel vom Artenschutz geredet, ja, die Erhaltung bedrohter Tier- und Pflanzenarten war eigentlich der Ausgangspunkt des Naturschutzes – zumindest in Deutschland und vielen anderen europäischen Ländern. In den USA dachte man schon im vorigen Jahrhundert auch im Naturschutz größer und schuf die ersten Nationalparke.

Heute weiß man, dass Artenschutz nur als Lebensraumschutz (Biotopschutz) erfolgreich sein kann. Immer wieder hatte man die Erfahrung gemacht, dass selten gewordene oder bereits verschwundene Tiere und Pflanzen nur dann sich dauerhaft wieder ansiedeln, wenn die Umwelt-, die Lebensbedingungen ihnen zusagen. Nicht nur mit Pflanzen hat man lange versucht, sie einfach durch Aussaat oder Pflanzung anzusiedeln. Die Erfolge waren meist enttäuschend und heute sind solche »Ansalbungen«, wie das die Botaniker nennen, allgemein verpönt, da sie im Erfolgsfall oft Florenfälschungen darstellen, und wenn auch nur in dem Sinn, dass Pflanzen an Orte gebracht werden, an deren spezielle Standortbedingungen sie nicht angepasst sind.

Auch mit verschwundenen oder selten gewordenen Wildtieren hat man alle möglichen Ausset-

zungsversuche gemacht, fast immer mit noch geringerem Erfolg als bei den Pflanzen. Wenn man heute so etwas versucht, dann erst nach gründlichsten Untersuchungen und Vorbereitungen, weil man weiß: Wenn der Lebensraum nicht alle Bedingungen für Existenz und Fortpflanzung einer Art bietet, nützt alles Auspflanzen und Aussetzen nichts. In den meisten Fällen waren es ja gerade die verschlechterten Lebensbedingungen, die zum Verschwinden der Arten geführt haben. Die Formel im Naturschutz lautet daher heute: **Artenschutz = Biotopschutz**. Hier öffnet sich der engere Naturschutz in den umfassenderen Ökosystemschutz, der unsere eigene Existenz mit einschließt. Gärten sind Lebensräume. Man könnte auch sagen: Gärten sind Ökosysteme. Ökosysteme bestehen aus unbelebten (abiotischen) Elementen wie Boden, Wasser, Temperatur und allem, was physikalisch und chemisch damit zusammenhängt. Und sie bestehen aus den belebten (biotischen) Elementen, den Bakterien, Pilzen, Pflanzen und Tieren. Diesen vielfach miteinander verwobenen Komplex des Lebendigen mit den unbelebten Elementen nennt man auch Biozönose. Einer der Begründer der Ökologie, der deutsche Biologe A.F. Thienemann, formulierte bereits die beiden »biozönotischen Grundprinzipien«:

1 Vielseitige Lebensbedingungen ermöglichen hohe Artenvielfalt bei relativ geringen Individuenzahlen der beteiligten Arten.
2 Einseitige Lebensbedingungen führen dagegen zu artenarmen Lebensgemeinschaften, bei hoher Individuenzahl der beteiligten Arten.
In gewisser Hinsicht beißen sich diese beiden Aussagen allerdings in den Schwanz. Denn die Lebensbedingungen einer Pflanze oder eines Tieres werden ja vor allem durch die im gleichen Biotop lebenden anderen Pflanzen und Tiere bestimmt, so dass die

Artenvielfalt nicht nur eine Folge, sondern auch eine Voraussetzung »vielseitiger Lebensbedingungen« ist.
Artenreichtum ist freilich nicht unbedingt ein ökologischer Wertmaßstab, wie manchmal behauptet wird. Jeder Standort hat seine ihm gemäße Artenvielfalt (Diversität). Die Zahl der Tier- und Pflanzenarten einer Stein- oder Eiswüste ist begreiflicherweise geringer als die eines tropischen Regenwaldes oder Korallenriffs. Welche Lebensgemeinschaft störanfälliger ist – und das versteht man meist

Die Bekassine, eine heimische Schnepfenart, zeigt schon durch ihre Schnabelform, dass sie einem hoch spezialisierten Nahrungserwerb nachgeht; sie stochert damit in weichen, feuchten Böden und ertastet mit der sensiblen Schnabelspitze Würmer und Insektenlarven. In gewöhnlichen Gärten wird man solche Spezialisten kaum antreffen.

Ob aus so einer Gartenanlage je ein struktur- und artenreicher Lebensraum für Vögel werden kann, muss man wohl sehr bezweifeln.

unter »ökologischem Gleichgewicht« –, kann aus der Artenzahl allein nicht geschlossen werden. Bekanntlich sind die artenreichen tropischen Wälder höchst störanfällig. Richtig ist allerdings, dass Artenreichtum für uns Menschen ein unschätzbares Geschenk darstellt.

Gute Nachbarschaft

Aus all dem können wir aber Grundlegendes für den Vogelschutz im Garten lernen. Denn Gärten sind Lebensräume, Biotope, egal wie einseitig, monoton sie sind, egal auch, ob darin Zier-, Nutz- oder Naturpflanzen überwiegen. Dass auch hier Thienemanns biozönotische Grundprinzipien gelten, sagt uns schon die oberflächlichste Erfahrung: Ein Garten, der nur aus Terrasse, kurzgeschorenem Rasen und zwei Blautannen besteht, wird zwar sicher dann und wann auch einmal von einer hungrigen Amsel, einer herumstreifenden Meise oder einem Spatzenpaar besucht werden, viel mehr wird sich aber nicht tun. Selbst am winterlichen Futterhaus wird es unter solchen Bedingungen ziemlich still bleiben, sofern nicht in der Nachbarschaft etwas lebensfreundlichere Bedingungen herrschen.

Das ist ein Nachteil aller kleinen Gärten. Mit ihnen ist man, gerade was die Vogelwelt anbelangt, auf Gedeih und Verderb von den Lebensbedingungen der weiteren Nachbarschaft abhängig. Vor allem große, ältere Bäume oder Baumgruppen in der Nähe sind eine der Grundvoraussetzungen dafür, dass überhaupt ein paar Vögel einen zu kleinen oder zu monotonen Garten wenigstens

Strukturreichtum in den drei Dimensionen des Raumes ist die Voraussetzung für ein vielfältiges Leben – in der Natur wie im Garten.

als Gäste einer Tränke oder eines Futterplatzes besuchen. Wenn Ihr Garten und die Nachbargärten zu klein sind für größere Bäume, sollten Sie sich bei Ihrer Gemeindeverwaltung dafür einsetzen, wo immer nur möglich auf öffentlichem Grund groß werdende Laubbäume zu pflanzen. Solchen Wünschen kann man viel Nachdruck verleihen, wenn man sich mit den Nachbarn zusammentut und eine Kostenbeteiligung anbietet. Bedenken Sie, was es Sie kosten würde, wenn Sie die Bäume auf eigenem Grund pflanzen müssten.

Der Begriff Lebensraum beinhaltet immer auch die räumliche Komponente, das Territorium. Von der Größe eines Tieres und seinen Ernährungsgewohnheiten einerseits und der Beschaffenheit, dem Nahrungsangebot des Reviers andererseits hängt es ab, wie groß das Territorium eines Individuums oder Paares ist. Vögel sind, verglichen mit Insekten und noch kleineren Tieren, schon recht große Tiere, und zur Brutzeit sind sie fast alle carnivor, das heißt fleischfressend. Ein Meisenpaar, das fünf bis zehn Junge aufzieht, braucht eine

Menge Lebendbeute, und die findet sich nicht in handtuchgroßen Gärten, mögen sie noch so vielseitig-naturnah gestaltet sein. Die Mindestgröße eines Kohlmeisen-Reviers beträgt immerhin rund 3000 m², wobei zu bedenken ist, dass die Meisenfamilie diese Fläche mit einigen anderen Vogelarten teilen muss.

Ohne eine »gute«, das heißt in diesem Fall vogelfreundliche Nachbarschaft werden also manche Bemühungen um einen vogelfreundlichen Kleingarten vergebens sein. Das sollte aber

nicht zu Resignation und Nichts-
tun führen, sondern zu einem
umfassenderen Bemühen um
eine lebensvollere, lebensfreundlichere Gestaltung des gesamten
Wohnviertels oder Wohnortes.
Der Einsatz dafür kommt nicht
nur den Vögeln, sondern auch
unseren Kindern, uns allen zugute. Auch hier zeigt sich wieder,
dass jeder Artenschutz letztlich in
einen umfassenden Natur- und
Umweltschutz münden muss,
wenn er sinnvoll und wirksam
sein soll.
Unabhängig davon wird jeder na-
turliebende Gartenbesitzer aber
zunächst einmal »vor der eigenen Haustür kehren«, im eigenen
Wirkungsbereich beginnen. Das
ist aus doppeltem Grund sinnvoll. Erstens: Hier können wir
ohne viel zu fragen und viel zu
organisieren unmittelbar tätig
werden. Zweitens: Durch unser
Beispiel können wir Nachbarn
und vielleicht sogar Gemeinde-
verwaltungen eher dazu bringen,
in gleicher Richtung tätig zu
werden, als durch theoretische
Vorträge über den ökologischen
Nutzen dieser oder jener Bepflanzung und Gestaltung.
Allerdings gibt es immer auch
jene ärgerlichen Schmarotzer, die
sich an bunten Schmetterlingen
und Vogelgesang zwar gerne
laben, in ihrem eigenen Garten
aber jede Wildblume, jede
Brennnessel mit Stumpf und
Stiel ausrotten und jede Blattlaus
wie ihren persönlichen Todfeind
mit Gift und Galle bekriegen.

Doch lassen wir uns nicht davon
entmutigen, dass ökologisches
Handeln, wie jedes nicht nur am
Eigennutz orientierte, verantwor-
tungsvolle Tun, immer einen
hohen altruistischen, gemeinnüt-
zigen Anteil hat – der einem in
vielen Fällen noch nicht einmal
gedankt wird. Das sollte uns Mut
zum Handeln geben, aber nicht
überheblich machen. Immerhin
machen wir mit einer noch so
naturfreundlichen Gartengestaltung längst nicht all die Schäden
wieder wett, die wir mit unserer
modernen Lebensweise dem
gesamten Ökosystem antun. Gehen wir also in aller Bescheidenheit ans Werk.

Strukturen

Bei aller Bescheidenheit dürfen,
ja müssen wir uns aber doch ein
wenig in die Rolle des Schöpfers,
wenn schon nicht des Himmels,
so doch der Erde versetzen, sofern wir uns »grundlegende«
Gedanken über die Gestaltung
unseres Gartens machen. Wer
neu gebaut hat, steht ja meist
vor einer Wüste, was das Grund-
stück betrifft. Nur bei sehr großen
Grundstücken und sehr rück-
sichtsvollen Baufirmen läßt sich
vermeiden, dass die Baugrube
den größten Teil des Geländes,
wenn nicht, wie beim Bau von
Tiefgaragen, das ganze Grund-
stück, verschlingt. Da wird zwar
zunächst der Humus beiseite
geschoben, dann aber das

Unterste zuoberst gekehrt, jede
gewachsene Bodenschichtung
und Wasserführung zerstört und
womöglich noch mit Bauschutt
durchsetzt. In solchen Fällen
fängt man mit der Gartengestaltung tatsächlich beim Nullpunkt
an – was immerhin auch seine
schöpferischen Reize haben
kann. Abgesehen davon ist aber
zu empfehlen, beim Bau eines
Hauses möglichst behutsam mit
dem bestehenden Boden umzu-
gehen und keine Tiefgaragen
unter Flächen zu errichten, auf
denen einmal größere Bäume
wachsen sollen.
Wenn nun aber schon einmal
der Boden großflächig aufgeris-
sen ist, sollte man sich, bevor
alles wieder »planiert« wird, Gedanken darüber machen, ob
nicht ein gewisses Bodenrelief zu
jener Vielseitigkeit der Lebensbedingungen beitragen kann, von
der der Ökologe Thienemann in
den eingangs zitierten Sätzen
spricht. Immerhin sagt uns schon
der gesunde Menschenverstand,
dass jede Erhöhung im Gelände
ein wenig trockener und jede
Vertiefung ein wenig feuchter
sein wird als die ebene Fläche
am gleichen Ort. Die ökologischen Bedingungen eines fla-
chen Geländes lassen sich also
durch eine Mulde und einen
Hügel bereits verdreifachen. Und
wenn wir diesen Effekt noch ver-
stärken wollen, dann erschaffen
wir den Hügel aus wasserdurch-
lässigem Material, wie Kies und
Sand, und die Mulde aus wasser

Wasser, besonders in Form von kleinen, stehenden Gewässern, ist in vielen unserer Landschaften zur Rarität geworden. Solche Tümpel sind der Lebensraum vieler Pflanzen und Tiere und wichtiger Teillebensraum vieler Vögel. Darum ist ein richtig angelegter Gartenteich eine große Bereicherung für jeden nicht zu kleinen Garten.

stauendem Material, wie Lehm oder Teichfolie.

Eine Sache des natürlichen Geschmackes und Augenmaßes ist es, wie groß, wie hoch und wie tief solche Bodenmodellierungen sein können. Auf jeden Fall müssen »Berge« und »Täler« in einem ausgewogenen Verhältnis zur ebenen Fläche stehen. Die Ebene sollte stets das Mehrfache der Fläche einnehmen und sie sollte niemals steil, sondern so flach wie möglich ansteigen oder abfallen. Jede Steilheit muss physikalisch stimmen, das heißt vom Material her der Witterung von

Jahrtausenden trotzen können. Auch die Größen müssen stimmen. Wenn der Hügel nur ein größerer Maulwurfshügel und der Teich nur eine bessere Pfütze sein kann, weil die Grundstücksgröße nicht mehr hergibt, dann soll man die Finger von geologischem Schöpfertum lassen. Nichts ist peinlicher als Öko-Ambitionen im Gartenzwergformat. Dann lieber gleich den ehrlich-künstlichen Goldfischteich mit Springbrunnen.

Mit Erhebungen und Vertiefungen im Bodenrelief sind die Möglichkeiten, abiotische Struk-

turen und damit ein Grundgerüst an ökologischer Vielfalt zu schaffen, noch keineswegs erschöpft. Ohne in Details zu gehen, sei hier nur an so vielseitig von Pflanzen und Tieren nutzbare Kleinlebensräume wie Natursteinmauern erinnert. Auch sie sollten sich harmonisch ins Gelände einfügen, eventuell als steiler Übergang vom Hügel zur Mulde, oder freistehend als Begrenzung zwischen Terrasse und Garten. Der Wert solcher Mauern liegt in ihren vielerlei Hohlräumen für Tiere einerseits und in der Möglichkeit der

Auch das Strukturelement Stein fehlt in vielen unserer Landschaften und bietet – als unvermörtelte Natursteinmauer – vielen Vogelarten Nahrung und Nistmöglichkeiten.

Besiedlung durch Pflanzen andererseits. Darum dürfen die Steine nur aufgeschichtet, nicht aber vermörtelt werden. Da und dort ein wenig Erde zwischen den Steinen erleichtert die An-

siedlung von Farnen und zierlich blühendem Zimbelkraut, ohne Eidechsen und Blaumeisen Unterschlupf und Nistplatz streitig zu machen.

Mit dem Material Stein lassen

sich vielerlei Strukturen schaffen, die gerade in unserer eher von Beton als von Stein geprägten Umgebung Seltenheitswert haben. Bekanntlich haben etliche Vogelarten, die früher in und an

Felsen gebrütet haben (es teilweise auch heute noch in anderen Ländern tun) unsere Gebäude als Ersatzstrukturen angenommen. Vom Turmfalken und der Schleiereule über Mauersegler und Schwalben bis hin zu Hausrotschwanz und Haussperling – sie alle und einige mehr können von unseren bewohnbaren Kunstfelsen noch viel mehr profitieren, wenn wir schon beim Bau ein wenig an ihre Bedürfnisse denken, da und dort eine Nische im Mauerwerk, einen Einschlupf unters Dach lassen oder schaffen. Was, nebenbei gesagt, auch den oft viel bedrohteren Fledermäusen zugute kommen kann. Im Zusammenhang mit den Nisthilfen kommen wir darauf zurück.

Mit Steinen, ein wenig Bodenrelief und Wasser können wir unserem Garten also bereits eine gewisse Strukturvielfalt geben, noch bevor die ersten Pflanzen darin Einzug gehalten haben. Da aber die meisten Leser eher über die Möglichkeiten nachdenken, wie sie einen bereits vorhandenen Garten für Vögel attraktiver machen können, will ich mich hier nicht ausführlicher auf den Bau von Gartenteichen und Natursteinmauern einlassen; dafür gibt es eigene Literatur. Immerhin sollte hier der Hinweis auf Stein- und Reisighaufen sowie auf Vogeltränken nicht fehlen, mit denen man auch in bestehenden Gärten die Lebensraumvielfalt auf einfache Weise

steigern kann. Ein Haufen grober Steine an sonnigem Ort kann zumindest teilweise die Funktionen einer Natursteinmauer ersetzen. Auch Reisighaufen oder Brennholzstapel können Vögeln und anderen Tieren wertvollen Schutz und Unterschlupf bieten. Auf Vogeltränken kommen wir noch zu sprechen.

Bäume und Sträucher – die Wohnungen der Vögel

Abgesehen von den wenigen Felsbewohnern, die menschliche Gebäude als Ersatzfelsen angenommen haben, kommen die

Weißdorn wird seit alters her als Heckenpflanze geschätzt, daher auch die Bezeichnung Hagedorn. Vögeln bieter er ideale Nist- und Nahrungsmöglichkeiten.

meisten Gartenvögel aus Wäldern und baumbestandenen Heiden und Mooren. Das Geäst der Sträucher und Bäume ist ihr eigentlicher Lebensraum, in dem sie Schutz vor Wind und Feinden finden, in dem sie ihre Nahrung suchen, ihr Nest bauen und schlafen. Bäume und Sträucher sind darum im Vogelgarten die wichtigsten Elemente, ohne sie kann ein Garten höchstens kurzfristig einige Nahrungsgäste anziehen.

Die Auswahl der im Garten zu pflanzenden Gehölze ist daher von entscheidender Bedeutung für Zahl und Art der Vögel, die sie später bevölkern werden. Wenn man die in Gärten vorkommenden Vogelarten in vier Gruppen einteilt, so kommt man zu folgendem Ergebnis: Von den im Bestimmungsteil aufgeführten Vogelarten sind 17 mehr oder weniger eng an Laubgehölze gebunden und nur 3 an Nadelgehölze. 8 Arten können Laub- und Nadelbäumen etwas abgewinnen, die meisten von ihnen bevorzugen aber laubwerfende Bäume und Sträucher. Schließlich leben 9 Arten weitgehend unabhängig von Bäumen und Sträuchern. Zwei Drittel aller in Gärten zu erwartenden Vogelarten brauchen oder bevorzugen also Laubgehölze.

Nun erfüllen Bäume und Sträucher, wie schon gesagt, recht unterschiedliche Funktionen im Leben eines Vogels. Schutz und Nahrung sind die wichtigsten,

➤ Liste einiger bei Vögeln beliebter Sträucher

Feldahorn	bildet dichte Schnitthecken und guten Laubhumus; die geflügelte Samen sind für Finken geeignet
Felsenbirne	bei Drosseln und Grasmücken sehr beliebte violettblaue Beeren im Juli; sehr hübsche Blüten im frühen Jahr
Berberitze	der niedrige, dornige Strauch ist ein gut geschützter Nistplatz; die länglichen roten Früchte dienen vielen Vögeln als Nahrung
Kornelkirsche	der Kern der roten Früchte ist für viele Vögel zu groß, aber das Fleisch wird gern gefressen; blüht sehr früh gelb und verträgt Schnitt
Hartriegel	die blauschwarzen Früchte sind wertvolle Vogelnahrung; nach Schnitt auch als Brutplatz geeignet; wuchert durch Ausläufer
Hasel	die (unreifen) Nüsse werden von Rabenvögeln geschätzt; guter Laubhumus; als Nistplatz nur nach Schnitt geeignet
Weißdorn	bietet, etwas beschnitten, besten Schutz; die roten Beeren im Herbst werden gern gefressen; die Blätter bilden guten Laubhumus
Pfaffenhütchen	nur im unteren, staudenverfilzten Bereich als Brutplatz geeignet; die fleischigen roten Früchte werden von Rotkehlchen u.a. geschätzt
Efeu	an Wänden rankend beliebt als Brutplatz (Amsel, Rotkehlchen, Zaunkönig); die im Frühjahr reifenden schwarzen Beeren werden gern gefressen
Sanddorn	auf kiesig-sandigen Böden auszeichnetes Vogelgehölz; bietet Schutz und gelbe Beeren als Vogelfutter
Wacholder	dicht gewachsen und immergrün, bietet er ganzjährig besten Schutz; die reifen Beeren werden gern gefressen
Liguster	bildet dichte Schnitthecken; die schwarzen Beeren sind Winternahrung für Drosseln, Seidenschwänze u.a.
Traubenkirsche	die in Trauben hängenden schwarzen Beeren werden gern gefressen; als Brutgehölz jedoch wenig geeignet; werden im Frühjahr oft von Gespinstmottenraupen kahl gefressen

Schlehe (Schwarzdorn)	etwas beschnitten bieten sie guten Schutz; die blaubereiften Beeren sind als Vogelnahrung im Winter geeignet; blüht sehr früh und reich
Kreuzdorn	recht gutes Nistgehölz; die schwarzen Beeren sind Vogelfutter; wächst langsam und kann über 5 m hoch werden
Faulbaum	wenig verzweigt und daher kein gutes Nistgehölz; die roten, später schwarzen Beeren werden aber gern gefressen
Apfelrose	Fleisch und Kerne der großen Hagebutten werden von vielen Vögeln gern gefressen; beschnittene Sträucher bieten auch guten Schutz
Brombeere	mit Gras verfilzte Brombeerdickichte sind sehr gute Nistplätze für Rotkehlchen, Zilpzalp und Grasmücken; auch die Beeren werden geschätzt
Holunder	die schwarzen Beeren schmecken im August Amseln, Staren und Grasmücken; als Nistplatz sind allenfalls alte Sträucher geeignet
Wolliger Schneeball	im unteren, staudenverfilzten Bereich guter Nistplatz für Grasmücken; die roten und schwarzen Früchte werden oft erst spät im Winter von Vögeln geerntet
Gewöhnlicher Schneeball	bei dichtem Wuchs als Nistplatz geeignet; auch diese glasig-roten Beeren hängen oft lang im Winter, zumindest Seidenschwänze schätzen sie aber

und die verschiedenen Gehölze erfüllen sie in unterschiedlichem Maße. Die wichtigsten Vogelgehölze sind solche, die möglichst viele Funktionen erfüllen. So bietet der Weißdorn mit seinem dichten, dornigen Geäst guten Schutz und Halt für Nester, seine Beeren werden von vielen Vögeln als Nahrung geschätzt, und das im Herbst abgeworfene Laub bildet eine an Kleinlebewesen reiche Humusschicht, in der nicht nur Amseln und Rotkehlchen gerne herumstochern.

So wichtig Sträucher und Hecken für ein reiches Vogelleben sind, viele Arten brauchen auch die Stämmigkeit und Höhe größerer Bäume, sei es als Niststandort oder als Nahrungsgrundlage. So sind alle kletternden Vögel, wie Spechte, Kleiber und Baumläufer, auf Stämme und kräftige Äste – darunter möglichst auch morsche – angewiesen. Der Zilpzalp baut zwar sein Backofennest dicht überm Boden, sucht seine Nahrung aber am liebsten in den höchsten Baumwipfeln. Der Grauschnäpper brütet gerne in Gebäudenischen, startet seine Fliegenschnäpperei aber bevorzugt von hohen Ästen aus. Das Buchfinkenweibchen setzt sein aus Moos, Flechten und Tierhaaren fest gewobenes Nest am liebsten hoch auf einen kräftigen Ast. Grünfinken brauchen die hohen Wipfel als Start- und Landeplatz für ihre gesanglich untermalten Revierflüge. Kurzum, ohne höhere Bäume geht es kaum. Was man tun kann, wenn im Kleingarten der Platz für Linde oder Ahorn, Birke oder Erle, Vogelbeere oder Buche nicht reicht, darauf wurde bereits weiter vorne hingewiesen.

Wie schon gesagt, werden Laubbäume von den meisten Vogelarten den Nadelbäumen deutlich bevorzugt. Reine Nadelwälder sind darum stets arten- und auch individuenärmer als Laub- und Mischwälder. Das hat verschiedene Gründe. Zum einen ist der Boden unter Nadelbäumen sauer und lichtlos, so dass eine die Vielfalt des Waldes steigernde Kraut- und Strauchschicht kaum aufkommt. Auch das Bodenleben ist unter der Nadeldecke längst nicht so nahrungsreich wie unter einer Laubdecke. Zum andern sind die Früchte der Nadelbäume, die in Zapfen verschlossenen Samen, im wesentlichen nur Spezialisten

Die Apfel- oder Kartoffelrose *(Rosa rugosa)* stammt zwar aus Asien, hat sich aber bei uns gut eingebürgert (z.B. in Dünen) und ist eine hübsche und wertvolle Nist- und Nahrungspflanze für Vögel.

Im Herbst werden viele Insekten- und Körnerfresser zu Beerenliebhabern, so auch die Mönchsgrasmücke (hier das Weibchen).

wie Kreuzschnabel und Tannenhäher zugänglich. Zudem fruchten sie sehr unregelmäßig. Trotzdem haben auch Nadelbäume ihre Vorteile und ihre Liebhaber unter den Vögeln (und Gartenbesitzern). Ein offensichtlicher Vorteil ist, dass sie auch im Winter guten Schutz bieten. Und das dichte Geäst bietet kleinen Kletterkünstlern auch das ganze Jahr über Nahrung. So findet man auch im Winter Tannen- und Haubenmeisen, Wintergoldhähnchen und einige andere Arten im Nadelwald.

Im Garten haben in der Regel andere Überlegungen Vorrang. Viele Leute schätzen es, dass Nadelbäume den Rasen nicht mit Laub verunzieren und daher keine Mühe machen. Und sie haben auch im Winter gern etwas Grünes. Manchen dient die Tanne im Garten auch als iluminierter Weihnachtsbaum. Ich persönlich halte Nadelbäume zumindest in unserem Klima für gartenuntauglich, da ihnen die vorzügliche Eigenschaft der Laubbäume fehlt, nur dann Schatten zu machen, wenn man ihn braucht, nämlich im Sommer. Ganz abgesehen von Bodenleben und Vögeln.

Allerdings läßt sich nicht leugnen, dass Koniferen auch ihre guten Seiten im Garten haben. Sehr oft bieten sie als Nistplatz den besseren Schutz. Wenn auch Schnitthecken aus Nadelgehölzen als abweisende Mauern oft häßlich und unfreundlich wirken,

muss man doch feststellen, dass alle möglichen Vögel sehr gern darin nisten. Das reicht von der Amsel bis zum Grünling und Gimpel. Außerdem flüchten sich Kleinvögel, die am Futterplatz vom Sperber überrascht werden, am liebsten in den Schutz solch dichter Hecken. Spatzenscharen verbringen darin viele »unterhaltsame« Stunden. Dass Türkentaube und Girlitz, auch Kernbeißer, Heckenbraunelle, Amsel und Singdrossel gern in den Etagen einer Blautanne nisten, ist kein Geheimnis; ob das die Nachteile solch starrer Monumente im Garten aufwiegt, muss jeder selbst entscheiden.

Zusammenfassend kann man sagen: In sehr großen Gärten können Nadelbäume neben Laubbäumen durchaus zur Lebensraumvielfalt beitragen. Dann sollte man aber auch gleich in die Vollen gehen und kleine Gruppen möglichst unterschiedlich alter Fichten pflanzen, das sieht hübscher aus und kann, wenn die Bäume älter sind, einem Tannenmeisen- oder Goldhähnchenpaar als Revierzentrum dienen. Kiefern sehen auch im Einzelstand gut aus, bieten Vögeln allerdings wenig mehr als gute Aussicht. (Nur der Kleiber liebt es, sein Nest mit den roten Plättchen der Kiefernrinde zu polstern.) Tannen sind schöne Bäume, aber für meinen Geschmack noch mehr ausgesprochene Waldbäume als Fichte und Kiefer. In meinen Garten

würde ich sie ebensowenig pflanzen wie all die Thujen, Blautannen und anderen Friedhofsgewächse.

Beim Pflanzen von Bäumen sollten Sie die vorgeschriebenen Grenzabstände beachten. Alle Gehölze, die höher als 2 m werden, dürfen ohne Zustimmung des Nachbarn nicht näher als 2 m bis 4 m (je nach Bundesland) an die Grundstücksgrenze gepflanzt werden. Nachdem der Baum ein bestimmtes Alter erreicht hat, kann der Nachbar allerdings nicht mehr seine Beseitigung fordern, sondern nur noch überhängende Äste und eindringende Baumwurzeln kappen, sofern sie die Nutzung seines Grundstücks beeinträchtigen. Da das Nachbarrecht kompliziert und uneinheitlich ist, empfiehlt sich in jedem Fall die Absprache mit dem Nachbarn.

Wildstauden bieten Schutz und Nahrung

Bäume und Sträucher geben dem Garten die entscheidende Struktur, nicht nur fürs Auge, sondern auch fürs Vogelleben. Welche Tierwelt sich schließlich einstellt und wohlfühlt in Ihrem Garten, hängt aber von vielen weiteren Details und, wie gesagt, von der Umgebung ab. Zu den wichtigen Details der Vegetation gehören neben den Gehölzen die Stauden und Einjährigen,

die man zusammenfassend auch als Krautschicht bezeichnen kann.

Den Unterschied zwischen einem gut getrimmten Rasen, einer blühenden Wiese und einem Dickicht etwa aus Brennnesseln, Disteln, Wasserdost und Goldrute fällt sofort ins Auge. Weniger augenfällig sind die Unterschiede der Kleintierwelt dieser drei Varianten der Krautschicht. Allein die Zahl der Insektenarten dürfte in Blumenwiese und Wildstaudendickicht etwa zehn- bis zwanzigmal so hoch sein wie auf der Rasenfläche. Hinzu kommen Spinnen, Asseln, Tausendfüßer, Schnecken und vieles mehr, was Vögeln als Nahrung und Futter für die Jungen dienen kann. Die Hochstauden bieten darüber hinaus (so man sie nicht abschneidet) im Herbst und Winter ihre Samenstände zur Nahrung an. Stieglitze (Distelfinken), Meisen und Zeisige lieben sie besonders und fallen oft in bunten Scharen über sie her. Hochstauden, zu denen auch viele Gartenblumen gehören, sind aber nicht nur Nahrungsquelle für Vögel, sie bieten auch Schutz. So flechten Grasmücken und Sumpfrohrsänger – beides ausgezeichnete Sänger – gerne ihre Nester zwischen die festen Stengel von Brennnesseln und nutzen den Schutz ihrer Brennhaare, ohne selbst davon behelligt zu werden.

Aber auch Rasenflächen haben ihre Bedeutung im Vogelgarten.

Sie machen es Amseln und anderen Drosseln besonders leicht, an die geschätzten Regenwürmer zu kommen. Ein Freund kurzer Rasen ist auch der Star, der eine besondere Technik hat, um Würmer, Engerlinge und andere Bodentiere aufzuspüren. Er steckt den Schnabel in die oberste Bodenschicht, öffnet dann rasch den Schnabel und spreizt dadurch Rasenfilz und Humusschicht. Zirkeln nennt man das.

Außerdem leben in einem nicht gar zu gequälten Rasen noch allerlei kleine Fliegen und Mücken, Käfer und Spinnen sowie deren Larven. An ihnen tun sich neben den Drosseln auch Bachstelzen, Rotschwänze, Rotkehlchen und sogar Grauschnäpper gütlich. Sie alle kann man besonders auf frisch gemähten Flächen bei der Nahrungssuche beobachten, wobei sich die verschiedenen Techniken und Fortbewegungsweisen sehr schön studieren lassen. Besonders unterhaltsam sind solch stille Beobachtungen, wenn Vogeleltern mit ihren gerade flüggen Jungen auf dem Rasen erscheinen und ihnen die Schnäbel stopfen.

Kletterpflanzen

Wie man Gebäude durch Nischen und Luken vogelfreundlicher gestalten kann, davon war schon die Rede. Noch anziehender werden kahle Mauern durch

Efeu oder Wilder Wein verschönen nicht nur so manche kahle Wand, sie bieten auch manchen Vögeln Nistmöglichkeiten und Beerennahrung; hier eine brütende Amsel im Efeu.

Kletterpflanzen. Selbstklimmende Arten wie Efeu und Jungfernrebe (auch Dreispitziger Wilder Wein genannt – *Parthenocissus tricuspidata*) bieten allerdings erst nach einigen Jahren genügend Halt für ein Amsel- oder Grünfinkennest. Ihre Beeren werden aber schon vorher geschätzt. Mehr Nistgelegenheiten bieten Spaliere, die all jene Kletterpflanzen brauchen, die ranken, aber nicht ohne weiteres an glatten Wänden klettern können. Die Auswahl an Pflanzen ist groß und reicht von den beliebten Clematis-Arten, über Knöterich (*Fallopia*), Jelängerjelieber

(*Lonicera*), Glyzine (*Wisteria*), Pfeifenwinde (*Aristolochia*) und Kletterhortensie (*Hydrangea*) bis zum Wilden Wein mit den fünflappigen Blättern (*Parthenocissus quinquefolia*). Auch die Echte Weinrebe (*Vitis*) kann ganze Hausmauern begrünen und liefert in sonniger Lage ein nicht nur von Vögeln geschätztes Produkt.

Das von der Wand etwas abstehende Gerüst, das all diese Pflanzen brauchen, bietet im Schutz der grünen Hülle einen sehr beliebten, von Katzen und Mardern ziemlich unbehelligten Nistplatz.

Vogelfreundliche Gartenpflege

Neben Gestaltung und Bepflanzung des Gartens spielt die Art und Weise, wie man ihn pflegt und nutzt, eine entscheidende Rolle bei der Frage, wie attraktiv er als Lebensraum für Vögel sein kann. Bei der Beschreibung der einzelnen Vogelarten (S. 60ff.) wird deutlich, wie unterschiedlich die Bedürfnisse der Arten sein können. Manche lassen sich nur oder vor allem mit speziellen Hilfen ködern, mit Nistkästen, Tränken, Futterplätzen. Andere können wir mit solch konventionellen und mehr »technischen« Maßnahmen gar nicht beeindrucken. Ihnen müssen wir ein Stück Natur bieten, das ihren Lebensraumansprüchen genügt, vor allem natürliche Verstecke und natürliche Nahrungsquellen. Das gilt vor allem für die Freibrüter, die mit Nistkästen nichts anfangen können, und die Insektenfresser, die mit Fütterungen in der Regel nicht zu verführen sind.

Da aber die meisten Vögel, auch wenn sie im Winter Vegetarier sind und ans Futterhaus kommen, zur Brutzeit zumindest ihre Jungen mit Insekten, deren Larven und kleinem Bodengetier ernähren, oft aber auch selbst davon leben, gelten die Regeln für einen möglichst lebendigen Garten ganz allgemein – wenigstens wenn man sich nicht nur auf die Winterfütterung beschränken will oder muss, die schließlich auch ganz ohne Garten möglich ist.

Beginnen wir mit dem Bodenleben, das viel reichhaltiger und als Nahrungsquelle für viele Vögel viel ergiebiger ist, als wir uns das im Allgemeinen vorstellen können. Diese verborgene Welt wird von den Ökologen sogar als eigene Gruppe den Pflanzen und Tieren zur Seite gestellt. Unter dem Gesichtspunkt der Stoff- und Energieumsätze bezeichnen sie die Pflanzen als Produzenten, die Tiere als Konsumenten und das Bodenleben als Destruenten. Das ist vielleicht auch ein bisschen eine Verlegenheitsbezeichnung, denn zu diesen Destruenten gehören sowohl Pflanzen als auch Tiere. Ihnen kommt die wichtige Funktion der Abfallbeseitigung durch Recycling zu. Eine enorme Leistung, wenn man bedenkt, was uns allein das Wegschaffen von Rasenschnitt oder Laub für Mühe macht. All diese Berge pflanzlicher Biomasse, die unter günstigen Bedingungen innerhalb eines Jahres anfallen, müssen in gleicher Zeit von den Bodenorganismen wieder in ihre Grundbestandteile (Kohlenstoff, Wasser, Mineralstoffe) zerlegt werden, damit die Kreisläufe auf Dauer funktionieren und die Welt nicht unter Abfallbergen erstickt.

An diesem großen und wichtigen Werk sind nun allerdings in erster Linie die allerkleinsten Organismen beteiligt, die sich unserem Auge auch dann entziehen, wenn wir im Boden nachschauen: Bakterien. Zusammen mit den ebenfalls kaum sichtbaren Pilzen (die ja nur ausnahmsweise als oberirdische Gebilde in Erscheinung treten) besorgen sie die Hauptarbeit der chemischen Zerlegung in die Ausgangsstoffe. Da aber auch Unmengen von Bakterien sich schwer tun mit so massiven Dingen wie Ästen, Stängeln oder ganzen Tierkadavern, sind ihnen oft komplexe Nahrungsketten vorgeschaltet, und das sind die Bodentiere, die als Nahrung für viele Vögel von erheblicher Bedeutung sind: Das reicht von holzfressenden Käferlarven und fetten Regenwürmern bis hin zu kleinen Milben und Springschwänzen. Daneben findet sich eine Vielzahl von Tausendfüßlern, Asseln, Fliegen- und Mückenlarven – eine ziemlich bizarre Unterwelt von uns meist wenig sympathisch erscheinenden Gestalten.

Dieses geheimnisvolle Leben des Bodens kann sich aber nur dort in aller Fülle entfalten, wo diese Organismen das finden, was sie seit Jahrmillionen gewohnt sind. Wenn wir ständig im Boden herumwühlen, im Herbst die nährende und schützende Schicht des gefallenen Laubs, der abgestorbenen Kräuter und Gräser entfernen und den Boden nackt dem Winter aussetzen, dann dürfen wir uns nicht wundern, wenn sich das Wunder des Boden-

Nach den Amseln entdecken jetzt auch die Singdrosseln, dass es sich in unseren Gärten gut und sicher leben läßt.

lebens, des Destruentenreichs, nicht entfalten kann, wenn unser Garten im nächsten Frühjahr stumm und vogelleer bleibt. Natürlich müssen manche Flächen im Garten ohne Rücksicht auf Boden- und Vogelleben gepflegt und genutzt werden – sonst wäre es kein Garten. Rasenflächen müssen gemäht und im Herbst teilweise auch von Falllaub befreit werden, Blumen- und Gemüsebeete müssen von wild wuchernder Konkurrenz freigehalten werden. Die dabei entstehenden »Abfälle« sollte man aber wo immer möglich als Bodenabdeckung (Mulch) auf Beeten oder unter Sträuchern und als Baumscheiben unter Bäumen verwenden, zumindest aber kompostieren, in jedem Fall also dem Stoffkreislauf des Gartens erhalten.

Es sollte aber immer auch einige Ecken und Flächen im Garten geben, wo alle pflanzlichen Abfälle einfach liegenbleiben, alle Stauden und Kräuter einfach fruchten und an Ort und Stelle vergehen dürfen. Die Samen vieler Gräser, Wildstauden und auch Zierpflanzen sind vom frühen Sommer bis in den Herbst und Winter für manche Vogelarten eine unverzichtbare Nahrung, und was übrig bleibt nährt ein reiches Bodenleben, von dem wieder andere Vögel sich ernähren.

Nutz- und Schutz-Zonen

Zum Schluss dieses Abschnitts muss noch ein etwas heikles Thema angeschnitten werden, die Frage, wie man Katzen, Hun-

de, Kinder und andere »Vogel-Störenfriede« vom Garten oder von Teilen des Gartens fern halten kann. Es geht also um Abgrenzungen des Gartens nach außen und um mögliche Abgrenzungen unterschiedlicher Nutz- und Schutz-Zonen innerhalb des Gartens. Wieviel Platz man den einzelnen »Interessengruppen« einräumen kann und will, das kann natürlich nur jeder selbst entscheiden, weil es dabei um persönliche Wertungen einerseits und um die speziellen Gegebenheiten unterschiedlicher Gärten andererseits geht.

Wie man das Problem technisch löst, ist ebenfalls vielfach nur individuell zu klären. In den großen englischen Herrenhäusern hat man den gepflegten Park in etwas abfallendem Gelände oft mit einer Stützmauer, in anderen Fällen mit einem Wassergraben gegen das angrenzende Weideland abgegrenzt, wodurch der Eindruck eines fließenden Übergangs in die Landschaft nicht beeinträchtigt wurde. In den beengteren Verhältnissen unserer Gärten wird man auf die platzsparendere Methode der Zäunung in der Regel nicht verzichten können, wenn es gilt Pflanzen vor Tieren, Tiere vor anderen Tieren oder vor Menschen zu schützen. Allerdings sollte man ein bisschen mehr als üblich Phantasie und Erfindungsgeist auf die Lösung der Frage verwenden, wie solche Abtrennungen in die Natur – und in die

Ein bisschen Mut zu ungewohnten Gartenansichten bringt Leben in unser Leben: Wer die Samenstände der Zier- und Wildstauden den Winter über stehen lässt, bietet Vögeln Nahrung und kann neue Schönheiten entdecken.

Umgebung! – des Gartens integriert werden können.

Mit der großen Auswahl von Materialien (Holz, Stein, Metall ...) und deren Verarbeitungen stehen uns fast unbeschränkte Gestaltungsmöglichkeiten zur Verfügung. Vom vollständig überrankten, unsichtbaren grünen Maschendraht oder Holzgeflecht bis hin zur bewußt in Struktur und Farbe kontrapunktisch gestalteten Holz- oder Steinwand ist alles denk- und machbar – wenn es nur die öde Monotonie der üblichen Gartenzäune und Thujen-Schnitthecken durchbricht. Hinzu kommen vielerlei Möglichkeiten, mit wachsenden Pflanzen selbst – vor allem mit dichten Dornensträuchern und Staudendickichten – Barrieren zu schaffen. Häufig ist die Kombination von technischen und pflanzlichen Mitteln die beste. Dabei sollte

man immer aber auch die Tatsache im Bewusstsein haben, dass jeder Garten nicht nur eine private, sondern auch eine öffentliche Angelegenheit ist. Die Art und Weise wie heute viele Gärten nach außen abgeschottet werden, ohne Rücksicht auf Städtebild und Lebensqualität des öffentlichen Raums, spiegelt eine Haltung wider, deren man sich leider auch in anderen Lebensbereichen immer weniger schämt. Dabei geht es nicht um die (wohl nur sozialpsychologisch ergründbare) Alternative, ob man hinter Gefängnismauern oder auf dem Präsentierteller (wie in Holland und den USA) wohnen sollte oder möchte. Ich meine nur, wer das legitime Bedürfnis nach Privatheit im »halböffentlichen« Bereich des Gartens umsetzen möchte, sollte das so »sozialverträglich« wie

möglich tun. Das heißt, die Begrenzung des Gartens nach außen sollte für die Ausgesperrten so freundlich wie möglich sein, auch wenn das etwas mehr Platz erfordert.

Zurück zur Tierwelt der Gärten: Auch in diesem Zusammenhang ist von einer allzu hermetischen Abschottung nach außen dringend abzuraten. Wer seinen Garten mit Beton umgibt – und wenn es nur ein Betonsockel für einen Zaun ist –, der wird nie die Freude haben, Igel, Frösche, Molche, Blindschleichen und andere akrobatisch weniger begabte Besucher in seinem Garten begrüßen zu können. Mit Vogelschutz, mag man einwenden, hat all das nicht viel zu tun. Richtig. Doch wer Naturliebe nur auf eine Artengruppe beschränkt, für den ist dieses Buch ohnehin nicht geschrieben.

FÜTTERUNGEN UND TRÄNKEN

Nicht verunsichern lassen

Durch das Für und Wider zur Winterfütterung sind viele Menschen verunsichert. Sollen wir überhaupt füttern? Wenn ja, wann und wie? Hinter solchen Fragen stehen einerseits durchaus bedenkenswerte Fakten, andererseits drückt sich darin aber auch eine vielleicht besonders deutsche Ängstlichkeit aus, etwas nicht richtig, nicht vorschriftsmäßig zu machen. Dabei sollte jeder durch Beobachtung wissen, dass die Natur in ihrer Vielfalt nicht danach fragt, ob zu einem bestimmten Zeitpunkt dieses oder jenes Vogelfutter »erlaubt« ist, ob das Wasser in der Tränke jeden Tag oder nur jede Woche erneuert werden muss, ob der Eingang zu einer Bruthöhle 26 oder 27 mm Durchmesser haben muss.
Die Vögel der Siedlungen und Gärten haben in unterschiedlicher Weise gelernt, mit einer teilweise sehr veränderten und sich ständig weiter verändernden Welt zurechtzukommen, diese Welt des Menschen mit ihren vielen Möglichkeiten zu nutzen, als Nahrungsquelle, als Nistplatz, als Versteck. Die Menschen haben beim Bau der Häuser, Fabriken, Straßen, Stauseen, bei der Ro-

dung der Wälder für Wiesen und Felder so gut wie nie darüber nachgedacht, ob und für welche wildlebenden Tiere und Pflanzen diese oder jene Maßnahme förderlich oder verhängnisvoll sein könnte. Die Arten selbst haben »entschieden«, ob und welche der vom Menschen geschaffenen neuen Möglichkeiten sie nutzen können und welche nicht. An der Grundtatsache, dass nur bestimmte Arten mehr oder weniger zu Kulturfolgern werden konnten, läßt sich auch mit noch so raffinierten Hilfen im Garten nicht viel ändern.
Aus biologischer Sicht muss man auch sagen: Zur Erhaltung von Arten kann Winterfütterung sicher nicht beitragen, das Aufhängen von Nistkästen in aller Regel auch nicht. Eher ließen sich gewisse negative Auswirkungen der Fütterung erkennen (die man aber auch infrage stellen kann):

> Einige Arten werden dadurch möglicherweise auf Kosten anderer gefördert (was durch menschliches Tun aber ohnehin in riesigem Umfang geschieht).

> Das natürliche Wanderungsverhalten kann dadurch gestört werden (was aber ebenfalls, z.B. bei der Amsel, längst Tatsache ist).

> Die natürliche Selektion kranker, erbschwacher, weniger gut

angepasster Individuen durch die harten Winterbedingungen wird teilweise außer Kraft gesetzt. (Durch die Zivilisation sind auch die Selektionsbedingungen nicht mehr »natürlich« und »angepasst« heißt heute auch bei vielen Wildtieren: zivilisationsangepasst.)

Im Übrigen gilt auch hier die gleiche Einschränkung wie gegenüber den positiven Auswirkungen: Unsere Bemühungen um Vogelschutz und -förderung im Garten sind für die meist über riesige Gebiete verbreiteten Vogelarten und selbst für regionale Populationen von nahezu vernachlässigbarer biologischer Wirkung – im Positiven wie im Negativen.
Der Wert unserer Bemühungen um Vogelschutz im Garten liegt auf ganz anderem Gebiet: Sie sind vor allem für die Beziehung des Menschen zur Natur und zu ihren Lebewesen von unschätzbarem Wert. Diese Beziehung kann nicht nur rational sein, sie muss auch emotional sein, und dazu ist die eigene Anschauung, das eigene Erleben nötig. Und von der Art dieser Beziehung hängt es ab, wie der Mensch auch im Großen mit der Natur umgeht. Darum möchte ich die Frage nach Sinn und Zweck der Vogelfütterung mit einem unumschränkten Ja beantworten.

Dem hat sich auch die Frage nach dem Wie der Fütterung unterzuordnen: Unzählige Tierarten leben von den Abfällen des Menschen, darunter viele Vögel. Und kein besorgtes Wissenschaftlerauge wacht darüber, ob ein verschimmeltes Brot, eine faule Orange, eine stinkende Wurst oder gar irgendein Kunststoff der Gesundheit der Tiere zuträglich ist oder nicht. Trotz aller Anpassung an die Zivilisation funktionieren die Instinkte der Tiere noch immer so gut, dass sie höchst selten am Genuss von Zivlisationsabfällen – oder »falschem« Futter – zugrunde gehen.

Natürlich ist es etwas anderes, wenn wir nicht irgendein Vogelleben, sondern ganz bestimmte Vogelarten fördern wollen. Dann werden wir vernünftigerweise den speziellen Bedürfnissen möglichst weit entgegenkommen.

Dazu gehört aber auch die Kenntnis der individuellen Anpassungs- und Lernfähigkeit. Manche Vögel haben so spezielle Nahrungsansprüche – bestimmte Sämereien in bestimmtem Reifegrad oder bestimmte Insekten – dass wir sie ihnen gar nicht erfüllen können. Die meisten haben aber ein recht weites Nahrungsspektrum, nehmen, was sie finden. Und wenn man sich anschaut, wie unterschiedlich Niststandorte ein und derselben Vogelart sein können, dann kann man über die Millimetervorschriften etwa beim Nistkastenbau nur lachen.

Diese Vorrede soll Sie also ermutigen, selbst zu entscheiden, was Sie für Ihre Vögel im Garten tun wollen. Selbst zu experimentieren, zu beobachten, nachzudenken, selbst herauszufinden, welche Maßnahme welche Wirkung hat. Die Natur ist viel zu komplex, als dass man für das Zusammenspiel zwischen Lebensraum und Organismen feste Anleitungen geben könnte.

Schließlich ist auch jeder Garten mit seinem Umfeld ein Einzelfall, für den allgemeine Regeln nur begrenzt gelten können. Wenn wir im Folgenden einige Anregungen geben, dann nur, um gemachte Erfahrungen weiterzugeben und Ihnen damit unnötig lange Lernprozesse und Umwege und den Vögeln echte Nachteile aus Unwissenheit zu ersparen.

Vögel brauchen im Winter vor allem auch Fette, pflanzliche (in vielen Samen) und tierische (Talg). Samen-Talg-Gemische lassen sich in vielerlei Formen gießen und anbieten – hier zur Freude einer Blaumeise.

Boden

20 cm

14,5 cm

Seiten-wände

23,5 cm

26 cm

15,5 cm

Rückwand

24 cm

14,5 cm

1,5 cm

14,5 cm

Brettstärke: 2 cm

Dach

24 cm

22 cm

vordere Schütte

20,5 cm

14,5 cm

hintere Schütte

17,5 cm

14,5 cm

Kanten abgeschrägt

1–2 cm Spalt

Für den Bau eines Futtersilos aus Brettern muss man nicht Schreiner-meister sein. Wichtig sind das aufklapp-bare Dach und der Spalt zwischen Boden und vorderer Schütte; für kleine Sämereien sollte er kleiner (1 cm), für größere größer (2 cm) sein.

Winterfutter – wann, wie, was?

Mit dem Hinweis, man solle Wildvögel nicht verpäppeln, fordern manche Naturschutzverbände, nur nach Einbruch des Winters mit Schnee und Eis mit der Fütterung zu beginnen und sie gleich wieder einzustellen, wenn es wieder etwas wärmer wird. Diesem biologisch sicher gut gemeinten Rat kann man eine Vielzahl von Argumenten entgegenhalten. Einige nannten wir schon, vor allem die Tatsache, dass die Auswirkungen des Fütterns auf Populationen und Arten insgesamt minimal sind. Außerdem: Wie »hart« die Lebensbedingungen für Vögel sind, hängt keineswegs nur von Kälte und Schneedecke ab und ist für die verschiedenen Arten ganz unterschiedlich. Überdies: Die Unterscheidung zwischen künstlichem Futter und natürlicher Nahrung läßt sich in der vom Menschen bestimmten Welt kaum noch sinnvoll treffen; darum überläßt man die Unterscheidung am besten den Vögeln selber.

Bis auf Einzelbeispiele von Meisen, die mit negativen Folgen ihre Jungen nur mit Haferflocken gefüttert haben sollen, sind keine Schäden selbst durch ganzjährige Fütterungen nachgewiesen. In England hat man sogar festgestellt, dass Amseln, die von ganzjährigem Futterangebot gebrauch gemacht haben, in besserem Gesundheitszustand waren und mehr gesungen haben als Vögel ohne zusätzliches Futter. Eigene Versuche mit Haferflocken haben gezeigt, dass Vögel im Jahresverlauf sehr unterschiedlich vom Angebot gebrauch machen; sie wurden wie andere Nahrungsquellen nach Bedarf und in Maßen genutzt. Darum: Lassen Sie sich auch in der Frage, wann und wie lange zu füttern sei, nicht zu sehr von wissenschaftlich klingenden Argumenten beeindrucken. Vögel wissen besser, was ihnen bekommt, als noch so gescheite Experten.

Je vielfältiger unser Futterangebot ist, desto bunter wird die Vogelwelt sein, die sich davon angezogen fühlt – vorausgesetzt, Sie wohnen nicht gerade mitten in einem baumlosen Stadzentrum. Grundsätzlich gilt es, zwischen Futter für Körnerfresser und Weichfresser zu unterscheiden, auch wenn die Übergänge fließend sind.

Üblicherweise werden Körner, allenfalls noch Fette am winterlichen Vogelhaus verfüttert. Das hat auch praktische Gründe, weil Körner in Mengen geerntet und ohne Wertverlust aufbewahrt, transportiert und gehandelt werden können. Das vom Handel angebotene Winterfutter besteht hauptsächlich aus fetthaltigen Sonnenblumen- und Hanfsamen sowie Erdnussbruch. Das sind relativ große, hartschalige oder harte Speisen, die nur Finken und Ammern mit ihren kräftigen Knack- und Schälschnäbeln sowie Meißelartisten wie Meisen, Kleibern und Spechten angemessen sind. Bessere Mischungen (etwa Kanarien- oder andere Exotenmischungen) enthalten auch Kleinsämereien, die für bestimmte Arten, wie Stieglitz und Erlenzeisig, wesentlich attraktiver sind.

In den wärmeren Gegenden Mitteleuropas und zunehmend auch anderswo verbringen auch Vogelarten den Winter, die nicht zu den robusten Körnerfressern (Sperlingen, Finken, Ammern) gehören, sondern ganzjährig wenigstens einen Teil ihres Nahrungsbedarfs mit Kleintieren des Bodens, in Ritzen versteckten Insektenlarven und überwinternden Insekten und Spinnen decken müssen. Sie nehmen aber auch »leichte«, das heißt nicht in zu harte Schalen verpackte vegetarische Nahrung im Winterhalbjahr zu sich: Beeren, Obst, Kleinsämereien, Pollen und Nektar der ersten Kätzchen. Diesen Vögeln, zu denen unter anderem Zaunkönig, Rotkehlchen, Amsel, Heckenbraunelle, Bachstelze, Baumläufer und Star gehören, kann man als Futter die verschiedensten (selbst gesammelten) getrockneten Wald- und Gartenbeeren, Rosinen, Obstschnitzel, Haferflocken, getrocknetes Fleisch und Fett anbieten. Das Fett (Talg, Margarine, Backfett) kann man in kleinen Gefäßen, als Specksaite oder in Form

Auch eine ganz einfache, flache Schale (Teller) genügt als Futterstelle. Vorteil: rasch und leicht umzusetzen und zu reinigen; Nachteil: vor Niederschlägen nicht geschützt. Hier sieht man: Stieglitze, Erlenzeisig, Gimpel-Männchen, Blaumeise und Bergfink.

fettgetränkter Haferflocken verabreichen. Wer mehr Geld ausgeben will, kann auch spezielles Weichfresserfutter (für Exoten) kaufen und ausprobieren, welches davon welchen Vögeln am besten schmeckt.

Alsdann stellt sich die Frage, mit welcher Art von Futterstelle man am besten Körner- und Weichfutter anbietet. Beliebt sind immer noch die aus Holz gebastelten Futterhäuser im Stil von Landhäusern für Zwerge. Das sieht hübsch und naturverbunden aus, ist aber zumindest aus drei Gründen unpraktisch. Erstens brauchen solche meist mit klobig-hölzernen Dreibeinen

ausgestattete Futtervillen viel Platz in Abstellräumen, wenn sie nicht gebraucht werden. Zweitens läßt sich bei den einfacheren Modellen Futter und Vogelkot nicht wirksam trennen. Und drittens lassen sich solche Futterhäuser schwer reinigen.

Praktisch, schlicht und leicht zu verstauen sind sogenannte Futtersäulen aus durchsichtigem Kunststoff, bei denen das Futter aus seitlichen Öffnungen von den Vögeln entnommen werden kann. Es gibt sie in den verschiedensten Größen bei Spezialfirmen (z.B. Schwegler, s. S. 123). Für Erdnüsse werden ähnlich röhrenförmige Behälter aus Edel-

stahl-Geflecht angeboten. Diese Geräte können aufgehängt, auf einem Stab in den Gartenboden gesteckt oder mit Saugnäpfen am Fenster befestigt werden. Größere Futtersilos wurden speziell für Parks und Forste entwickelt.

Viele Körnerfresser (Finken und Ammern) und die meisten Weichfutterfresser suchen ihr Futter lieber am Boden. Körner kann man, wenn kein Schnee liegt, direkt auf die Terrasse, auf den Rasen oder unter Bäume und Büsche streuen. Allerdings sollte man dann öfter den Platz wechseln beziehungsweise ab und zu sauber machen. Es gibt

aber auch Futtersilos für den Boden, die zwar als Weichfuttersilos bezeichnet werden, aber ebenso für Körnerfresser geeignet sind. Eine billige und einfache Konstruktion, mit der sich Futter am Boden vor Schnee und Regen schützen läßt, ist ein größeres quadratisches Brett (mindestens 1 x 1 m) mit etwa 20–30 cm hohen Füßen; das ist besonders geeignet für Bodenfütterung auf Terrassen und Balkonen.

Vogeltränken

Schließlich wollen wir noch einen Blick auf das Thema Vogeltränken werfen. Sie sind merkwürdigerweise viel weniger verbreitet als andere Vogelhilfen, obwohl sie zumindest in Gegenden mit geringen Niederschlägen als Tränke und – fast noch wichtiger – als Bad eine echte Attraktion für Vögel sein können.
Was heute an Vogeltränken auf

dem Markt gewöhnlich angeboten wird, ist weder funktional noch ästhetisch befriedigend. Jede natürliche Pfütze ist den meisten Vögeln zum Planschen offenbar lieber als eine dieser nieren- oder kreisförmigen Schalen aus Kunststoff, deren einziger Vorteil darin liegt, dass sie leicht und relativ billig sind (50–80 DM). Das geringe Gewicht des Materials macht es möglich, so eine Schale auch mit einem Dreibeinständer zu einer

Art	Futter							
	grobe Sämereien	feine Sämereien	Meisenringe, Futterglocken	Talg	Haferflocken	getrocknete Beeren	Insektenfutter, Mehlwürmer	Obst
Amsel		■		■	■	■	■	■
Bergfink	■				■			
Blaumeise	■		■	■			■	
Buntspecht	■		■	■				
Eichelhäher				■	■			■
Elster				■				
Feldsperling	■	■			■			
Gimpel	■	■						
Goldammer	■	■			■			
Grünling	■	■			■			
Haussperling	■	■			■			
Heckenbraunelle		■			■		■	
Kernbeißer	■							
Kleiber	■		■	■			■	
Kohlmeise	■		■	■			■	
Rotdrossel					■	■	■	■
Rotkehlchen		■				■	■	
Seidenschwanz		■				■		
Singdrossel				■	■	■	■	■
Tannenmeise	■		■	■			■	
Türkenhaube	■			■				
Wacholderdrossel		■		■	■	■		■
Zeisig	■	■		■				

Seichtes Wasser bedeutet für viele Vögel Badespaß, egal, ob für Rotkehlchen in schlammiger Pfütze ...

... oder für Kohl- und Blaumeise in schlichtem Geschirr oder in aufwendigen Vogeltränken.

Beton. Auch sie gibt es in mehr oder weniger befriedigenden Ausführungen im Handel. Wer aber nicht nur etwas für die Vögel, sondern auch für ein notleidendes Handwerk und ein bisschen Kultur im Garten tun will, der sollte zu einem Keramiker gehen und ein Vogelbad nach eigenen Angaben in Auftrag geben – auch wenn das zwei- bis dreimal so teuer sein wird wie ein Kunststoffbecken. Zu achten ist dabei auf rauhe Oberfläche und sanfte Uferneigung – zumindest an einigen Stellen.

Die maximale Wassertiefe sollte 5 cm nicht wesentlich überschreiten, auch wenn man bei trockenem Wetter dann öfter nachfüllen muss – sofern man nicht eine ständig sprudelnde Quelle mit der Anlage verbindet. Ob eine Insel in der Mitte des Beckens nützlich ist oder eher hinderlich, ist umstritten. Bei kleinen Becken (bis zu 50 cm Durchmesser) sind sie wohl eher hinderlich.

Sie können das am besten selbst herausfinden, wenn Sie ein paar größere Steine hineinlegen, die man auch wieder wegnehmen kann.

Am natürlichsten und für Vögel am leichtesten erreichbar sind bis zum Rand im Boden versenkte Vogeltränken. Wenn dadurch leichter Erde ins Wasser fällt, so ist das kein Grund zur Aufregung, da Vögel andere Vorstellungen von »Sauberkeit« haben als wir.

Tischtränke zu kombinieren, was in Gärten mit Katzen von Vorteil sein kann. Funktionell haben diese Geräte den Nachteil, dass ihre Wände zu steil und zu glatt ins Wasser abfallen. Es gibt aber nur wenige Singvögel, die sich so todesmutig in die Fluten stürzen wie die Wasseramsel. Fast alle sind vorsichtig wie wasserscheue alte Damen, vor allem wenn sie nicht nur trinken, sondern auch baden wollen.

Die Alternative zu den Kunststoffschalen sind Vogeltränken aus frostfester Steinzeugkeramik oder

NISTHILFEN

Ein dürftiger, aber nötiger Ersatz

Der ursprüngliche Lebensraum der meisten Gartenvögel sind Wälder oder baumreiche Offenlandschaften. Nun sahen diese Baumlandschaften aber über viele Jahrmillionen – in denen sich die Vögel den Lebensbedingungen angepasst haben – ganz anders aus als die vom Menschen beeinflussten Landschaften, mit denen sie in Mitteleuropa erst seit etlichen Jahrhunderten konfrontiert sind. Ein ganz wesentlicher Unterschied zwischen den ursprünglichen und den heutigen Wäldern und Baumlandschaften besteht in ihrem Totholzanteil. Totes Holz fällt in einem natürlichen Baumbestand stets in gleicher Menge an, wie lebendes Holz nachwächst, einmal als stehendes Totholz (dürre Äste an lebenden Bäumen und tote Bäume) und zum andern als am Boden liegendes Totholz.

Für viele Vogelarten ist besonders das stehende Totholz ein wesentlicher Teil ihres Lebensraumes. Es bietet ihnen nicht nur reiche Nahrung – fette Käferlarven und eine Vielfalt anderer Insekten und Kleintiere – sondern auch Schutz durch natürliche oder ausgebaute Höhlungen. In erster Linie sind es natürlich die verschiedenen Spechte, die aufs Engste mit dem Totholz verbunden sind. Darüber hinaus gibt es aber viele Vogelarten, die ebenfalls von Totholz als Nahrungsquelle und/oder vom Schutz seiner Höhlen profitieren. Manche Arten, wie etwa Enten, Käuze, Hohltauben, Dohlen (dazu viele Fledermausarten und Kleinsäuger, von der Haselmaus bis zum Baummarder), benutzen gerne die natürlichen oder von Spechten gezimmerten Höhlen zur Aufzucht ihrer Jungen, als Schlaf- oder Winterplatz, ohne an der Nahrungsquelle des Holzes interessiert zu sein. Andere, wie Kleiber, Baumläufer, Fliegenschnäpper oder Meisen, wissen wie die Spechte beides zu schätzen, Schutz und Nahrung des toten Holzes.

Nun gibt es in Mitteleuropa kaum noch natürliche Wälder oder Baumbestände. Längst bevor die Bäume ein Alter erreichen, in dem sie astweise oder im Ganzen absterben, werden sie in aller Regel als Nutzholz gefällt. Dadurch ist der (stehende) Totholzanteil von 20–40 % auf 0–2 % gesunken – und mit ihm eine ganze Lebensgemeinschaft von Pilzen, Insekten und Vögeln fast verschwunden. Von den neun in Mitteleuropa heimischen Spechtarten sind die meisten so selten geworden, dass man ihnen nur noch – mit viel Glück – in entlegenen Bergwäldern oder Naturschutzgebieten begegnen kann. Einzig der Buntspecht als anpassungsfähiger Alleskönner konnte sich bis heute einigermaßen über die Runden bringen. Viele der anderen Totholzfreunde sind mehr oder weniger rar geworden. Manche, wie etliche Fledermäuse, die nicht nur die Baumhöhlen, sondern auch den Insektenreichtum natürlicher Wälder vermissen, haben sich schon aus der heimischen Fauna verabschiedet oder stehen kurz vor dem Aus.

Aus solchen Überlegungen können wir bereits wichtige Rückschlüsse im Hinblick auf die Frage ziehen, welchen ökologischen Zweck künstliche Nisthöhlen haben und was damit erreicht oder nicht erreicht werden kann. Da sie nur eine Funktion des Totholzes erfüllen, können sie all jenen Arten nicht viel nützen, die außerdem auf Totholz als Nahrungsquelle angewiesen sind.

So scheiden die meisten Spechte als Nutznießer künstlicher Bruthöhlen aus. Für viele der übrigen Höhlenbrüter haben sich Nistkästen aber sehr bewährt, für manche von ihnen sind sie geradezu der dünne Faden, an dem ihre Existenz in unserem Lande hängt.

Der Bau von Nistkästen und anderen Nisthilfen für Fledermäuse und die verschiedenen Vogelarten hat sich denn auch seit den ersten Anfängen um die Jahrhundertwende zu einem wahren Spezialgebiet von Forstleuten, Naturfreunden, Schulen, Verbänden, Handwerkern und Industriebetrieben entwickelt. Begonnen hat dies – zumindest in größerem Maßstab – dort, wo die Auswirkungen des Artenrückgangs auch wirtschaftlich am spürbarsten waren, in den zu Nutzforsten umgewandelten Wäldern. Ende des 19. und Anfang des 20. Jahrhunderts experimentierte Freiherr von Berlepsch, Eigentümer ausgedehnter Waldungen, in großem Stil mit Nistkästen verschiedener Größe und stellte fest, dass sich auch in bisher sehr vogelarmen Stangenforsten die Zahl der Arten und Individuen durch das Angebot an künstlichen Bruthöhlen deutlich steigern lässt. Dies geschah nicht aus Gründen des Naturschutzes, sondern vielmehr als Maßnahme der biologischen Schädlingsbekämpfung.

Aber auch der sich zur gleichen Zeit ausbreitende, noch sehr auf den Schutz einzelner Arten fixierte Naturschutz griff die Idee der Nisthilfen rasch auf. Bis heute wird der Begriff Naturschutz von vielen Menschen mit dem Aufhängen von Nistkästen verbunden, obwohl bereits Schulkinder lernen, dass es im Naturschutz längst nicht mehr nur um den

Schutz einzelner Arten, sondern um die Erhaltung und Wiederherstellung funktionsfähiger Lebensgemeinschaften geht. Dies sollte uns auch bei unseren Bemühungen um mehr Natur im Garten stets bewusst sein.

Die Natur kennt keine Normmaße

Bevor wir Ihnen einige Bauanleitungen für verschiedene Nistkastentypen präsentieren, möchten wir noch einmal auf das im Kapitel »Fütterung und Tränke« Gesagte hinweisen: Im natürlichen Lebensumfeld der Vögel gibt es keine normierten Maße, sondern eine Vielfalt von Möglichkeiten, an die sich die Tiere mit großer Flexibilität anzupassen wissen. Form und Größe der

Nisthöhle sind oft viel weniger wichtig als Standort und Schutz vor Nesträubern. Denken Sie nur an die verschiedenen natürlichen Höhlen, in denen Vögel in der Natur brüten: Das reicht von Erdlöchern, Mauerlücken, Felsspalten bis hin zu den verschiedenen Baumhöhlen. Da ist kaum eine wie die andere. Wählerisch werden viele Vögel erst dann, wenn sie ein Überangebot vorfinden. Also sollten wir vielleicht mehr auf den besten Platz als auf das genaue Maß eines Nistkastens achten.

Um die Vielfalt der heute im Fachhandel erhältlichen und in mannigfacher Form selbst zu bauenden Nistgeräte etwas übersichtlicher zu machen, wollen wir ihre wichtigsten Funktionen und Maße in einer Tabelle zusammenfassen:

Hausrotschwänze (hier ein fütterndes Weibchen) gehören zu den Nischen- oder Halbhöhlenbrütern. Der Standort einer Nisthilfe ist meist viel wichtiger als genaue Maße.

Vogelart	Innen-durchmesser	Höhe Flugloch–Boden	Durchmesser Flugloch
Kleinvögel	12–14 cm	15–20 cm	26–40 mm
Stare u.a.	14–16 cm	20–25 cm	45–50 mm
Eulen u.a.	20–25 cm	25–35 cm	110–120 mm
Halbhöhlenbrüter	12–14 cm	10–12 cm	halbe Wand

Zu den Kleinvögeln, die gerne Vollnistkästen in kleinerer Ausführung beziehen, gehören: Gartenrotschwanz, Trauerschnäpper, alle Meisen, Kleiber, Feldsperling und gelegentlich auch der Zaunkönig. Mit sehr kleinen Fluglöchern (26–28 mm) kann man die kleinsten Arten, wie Blau-, Sumpf-, Tannen- und Haubenmeisen, vor der Konkurrenz durch größere Höhlenbrüter (Kohlmeise, Kleiber, Gartenrotschwanz, Trauerschnäpper, Star) bewahren; sie benutzen aber ebenso gerne Kästen mit größeren Fluglöchern. Zu den Bewohnern von Starenkästen gehören neben dem Star auch Wendehals und Kleiber (der gerne überdimensionale Kästen bezieht).

Allgemein kann man sagen: Nistkästen mit Fluglochweiten von über 30–35 mm sind universeller und werden daher mit größerer Sicherheit angenommen als Kästen mit kleineren Löchern. Ein Blech mit entsprechender Öffnung hindert Spechte daran, das Flugloch aufzumeißeln.

Der Handel bietet eine große Zahl verschiedenster Nisthilfen an. Wer nicht selbst zu Hammer und Nagel greifen will, sollte sich einen Katalog schicken lassen (s. S. 123).

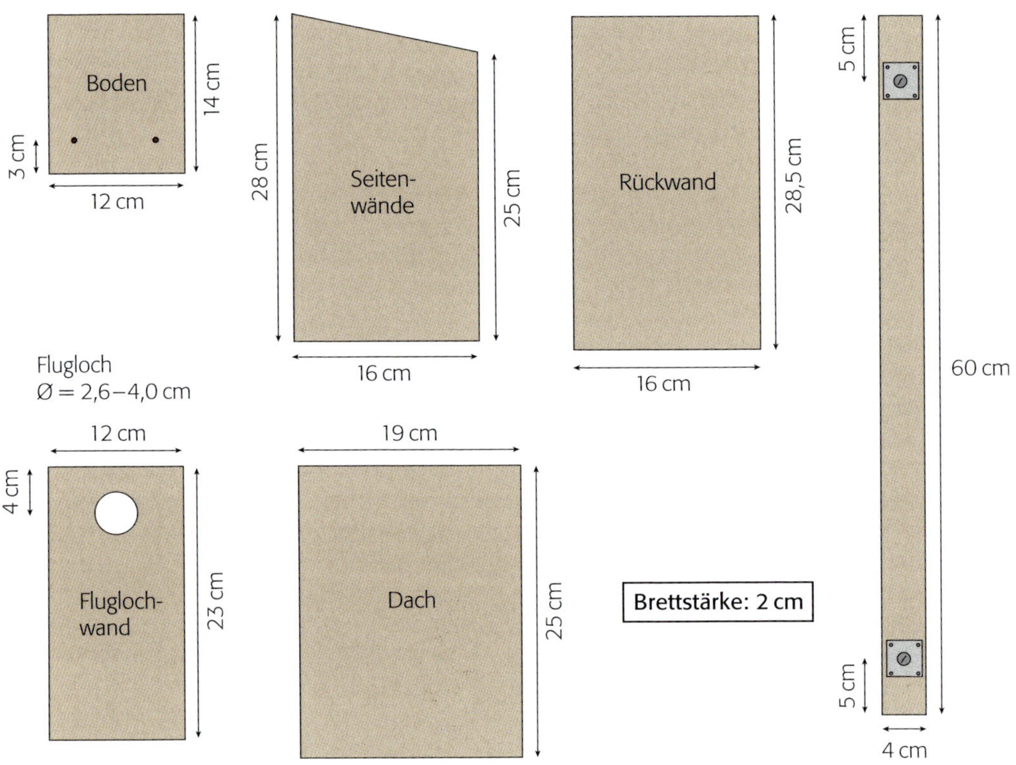

Boden

14 cm

3 cm

12 cm

Seitenwände

28 cm

25 cm

16 cm

Rückwand

28,5 cm

16 cm

5 cm

60 cm

5 cm

4 cm

Flugloch
Ø = 2,6–4,0 cm

12 cm

4 cm

Fluglochwand

23 cm

19 cm

Dach

25 cm

Brettstärke: 2 cm

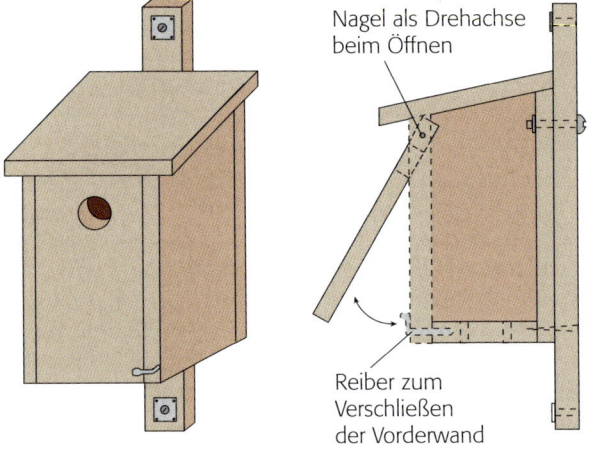

Nagel als Drehachse
beim Öffnen

Reiber zum
Verschließen
der Vorderwand

Der für die meisten kleineren Höhlenbrüter passende Nistkasten ist auch ohne Spezialwerkzeuge leicht zu bauen. Wer keine Lochsäge für das Flugloch hat, kann auch ein quadratisches Loch mit der Stichsäge machen. Ob die Vorderwand klappbar (wie in unserem Beispiel) oder abnehmbar ist, spielt keine Rolle. Alle Maße können beliebig variiert werden. Der Boden wird mit 2 kleinen (etwa 5 mm Durchmesser) Ablauflöchern versehen.

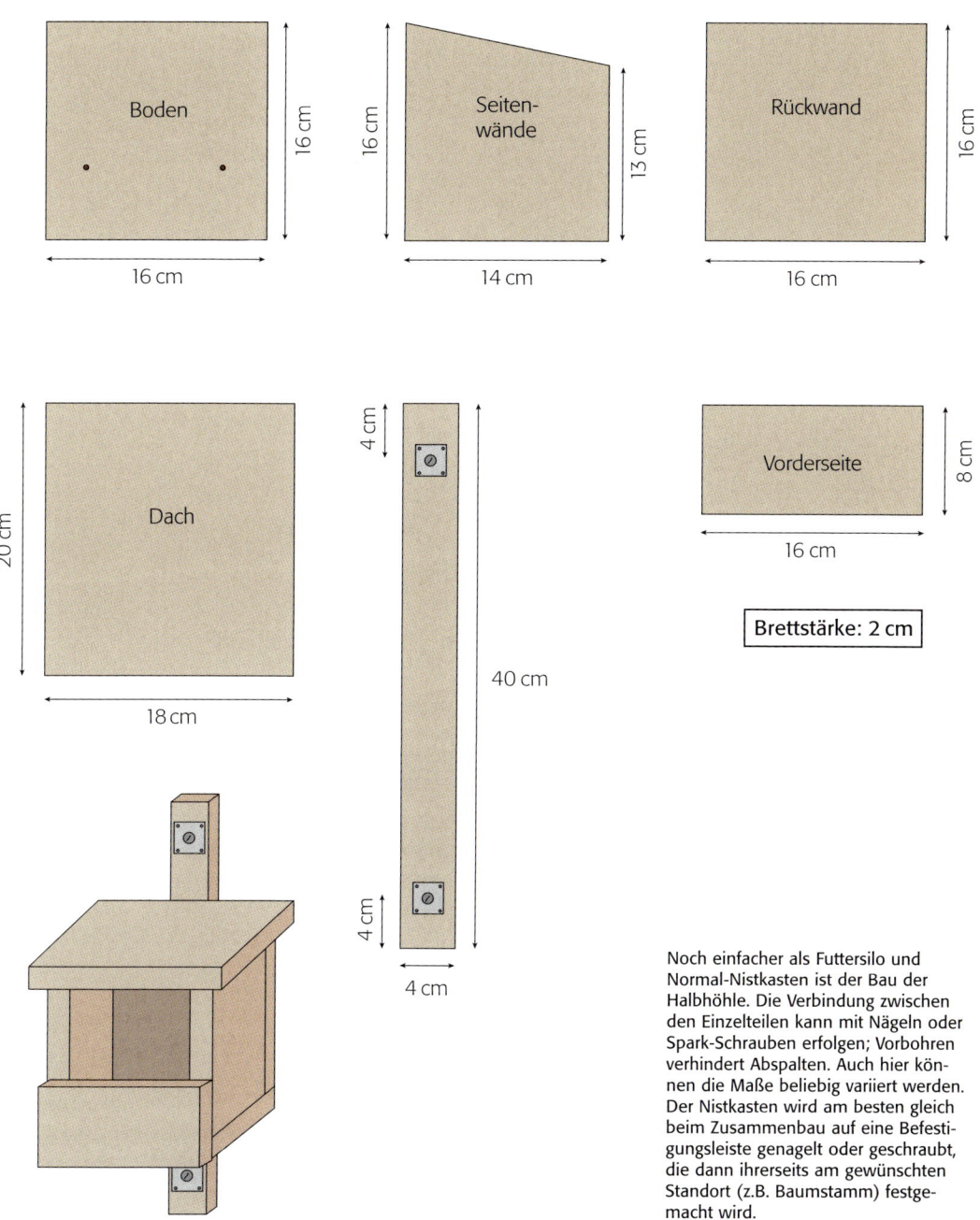

Boden

16 cm

16 cm

Seiten-
wände

16 cm

13 cm

14 cm

Rückwand

16 cm

16 cm

Dach

20 cm

18 cm

4 cm

40 cm

4 cm

4 cm

Vorderseite

8 cm

16 cm

Brettstärke: 2 cm

Noch einfacher als Futtersilo und Normal-Nistkasten ist der Bau der Halbhöhle. Die Verbindung zwischen den Einzelteilen kann mit Nägeln oder Spark-Schrauben erfolgen; Vorbohren verhindert Abspalten. Auch hier können die Maße beliebig variiert werden. Der Nistkasten wird am besten gleich beim Zusammenbau auf eine Befestigungsleiste genagelt oder geschraubt, die dann ihrerseits am gewünschten Standort (z.B. Baumstamm) festgemacht wird.

In den großen Kästen mit Flugloch-Durchmessern von über 10 cm brüten vor allem Waldkauz, Hohltaube und Dohle, gelegentlich auch der Steinkauz und in manchen waldreichen Gegenden zwei kleine Käuze: Rauhfuß- und Sperlingskauz. Auch Waldohreulen benutzen nicht nur alte Krähen- und Bussardhorste, sondern manchmal auch solche Kästen. In der Nähe von Gewässern werden Großkästen – je nach Gegend – auch von höhlenbrütenden Enten (Stockente, Schellente, Gänsesäger) angenommen. Ihre Jungen gehören bekanntlich zu den Nestflüchtern, die bereits kurz nach dem Schlüpfen das Nest verlassen. Den Sturz aus mehreren Metern Höhe überstehen die Küken ohne Schaden, aber vom Kastenboden zum Flugloch gelangen sie nur, wenn der Abstand nicht gar zu groß ist (15–20 cm). Zu den Halbhöhlenbrütern gehören: Bachstelze, Zaunkönig, Rotkehlchen, Hausrotschwanz, Grauschnäpper und Haussperling – wobei die Art der Belegung sehr vom Standort abhängt. Da solche Höhlen für Nesträuber leicht zugänglich sind, muss man aber nicht nur für einen artgemäßen, sondern auch für einen möglichst sicheren Standort sorgen; am sichersten sind Halbhöhlen an einer hohen Gebäudewand unter einem Dachvorsprung.
Alle bisher genannten Kästen können im Eigenbau rechteckig oder dreieckig gebaut werden. Bei Dreieckskästen kann man sich das Bohren des Fluglochs sparen, indem man die obere Spitze der Vorderwand kappt. Das Dach sollte etwas überstehen, damit kein Regen eindringen kann; einige kleine Bohrlöcher im Boden leiten dennoch eingedrungenes Wasser ab. Die Vorderwand oder eine der Seitenwände sollte zu öffnen sein, um den Kasten kontrollieren und reinigen zu können. Eine Sitzstange vor der Wohnung braucht nur der Star, der sein Lied gern vor der Haustür pfeift. Zum Schutz vor Feinden gibt es besondere Konstruktionen (vgl. S. 110ff.).
Spezielle Nistkästen gibt es für: Baumläufer, Mauersegler, Wasseramsel, Steinkauz, Turmfalke, Schleiereule und Stockente (s. S. 42ff.). Schwalben, die heute oft Schwierigkeiten haben, Pfützenlehm für den Bau ihrer Nester zu finden, kann man Kunstnester aus Beton anbieten. Für den vogelfreundlichen Häuslebauer gibt es Nisthöhlen als Einbausteine, die sich besonders für (ehemalige) Felsbrüter wie Mauersegler, Bachstelze, Hausrotschwanz, Haussperling gut eignen. Das sind rechteckige Nisthöhlen aus Holzbeton, die man beim Hausbau in die Wand einmauern kann. Sie eignen sich besonders gut zur Beobachtung des Brutgeschehens, wenn man die Rückwand mit einer abdeckbaren Glasscheibe versieht.

Schließlich sollten wir uns auch Gedanken machen über Brutmöglichkeiten für die sogenannten Freibrüter, die ihre Nester frei im Geäst bauen (s. S. 45). Zu ihnen gehören viele gute und eifrige Sänger, wie Mönchsgrasmücke, Amsel, Gelbspötter, Zilpzalp, Buchfink, Girlitz, Grünling, Stieglitz und Gimpel. In den meisten Gärten werden sie – vor lauter Nistkasten-Begeisterung – ein bisschen vernachlässigt.

Der richtige Standort

Wie schon angedeutet, sind oft nicht die genauen Maße einer Nisthilfe für den Erfolg entscheidend, sondern wie und wo sie angebracht wird. Auch dem Schutz vor Nesträubern wird oft zu wenig Aufmerksamkeit geschenkt. Was nützt es, wenn Nistkästen zwar prompt bezogen werden, Gelege oder Nestlinge aber regelmäßig Mardern, Eichhörnchen, Katzen, Spechten oder Elstern als Frühstück dienen? Zumindest fragt sich das der um seine Singvögel (bzw. von Blattläusen bedrohten Rosen) besorgte Gärtner, während der Ökologe weniger nach dem speziellen Nutzen als nach der langfristigen Balance der gesamten Lebensgemeinschaft fragen muss.
Diese umfassendere Sicht ist den meisten Menschen noch ziemlich fremd. Jeder hat seine

Empfohlene Mindestgrößen bei Nistkästen (Maße in Zentimetern)							
Vogelart	Brett-stärke	Flugloch-weite	Vorderwand	Rückwand	Seitenwände	Boden	Dach
Meisen, Kleiber, Trauerschnäpper, Feldsperling u. a.	2	3,2–3,4 bzw. 2,6 (kleine Meisen)	12 x 23	16 x 28,5	16 x 25–28	12 x 14	19 x 25
Gartenrotschwanz	2	4,5 x 3 (oval)	wie Meisennisthöhle oder wie Starennisthöhle				
Star, Wendehals	2	4,6–5	14 x 26	18 x 31	15 x 27,5–31	14 x 14	21 x 25
Hohltaube, Dohle	2,5	8–9	25 x 34	30 x 38	26,3 x 36–38	25 x 25	34 x 36
Steinkauz	2	7 x 7 (quadratisch)	18 x 19	18 x 19	80 x 20	80 x 19	80 x 23
Waldkauz	2,5	12–13	25 x 40	30 x 44	28 x 42–44	25 x 26,8	34 x 38
Schleiereule	2,5	12 x 18 (rechteckig)	100 x 50	100 x 50	45 x 50	100 x 50	100 x 50
Turmfalke	2,5		45 x 15	45 x 37,5	25 x 35	45 x 25	45 x 27,5
Mauersegler	2	6,5 x 3,2 (oval)	18 x 14	18 x 14	34 x 14	18 x 30	22 x 34
Baumläufer	2	3 x 4 (rechteckig seitlich hinten)	12 x 20	12 x 20	16 x 20	16 x 16	16 x 16
Hausrotschwanz, Grauschnäpper u. a. Halbhöhlenbrüter	2	(Halb-höhle)	16 x 8	16 x 16	14 x 13–16	16 x 16	18 x 20

Lieblinge und »Nützlinge« unter den Tieren und Pflanzen, und deren »Feinde« sind dann auch seine Feinde. Dass solche Wertungen sehr subjektiv sind und der ökologischen Realität hinten und vorne nicht gerecht werden, das dämmert uns zwar manchmal, wird aber von Gefühlen der Zuneigung bzw. der Wut immer wieder verdrängt. Dass grundsätzlich kein Unterschied besteht zwischen einer Amsel, die einen Regenwurm und einer Elster, die eine junge Amsel frisst, können wir zwar wissen, wollen es aber meist nicht. Da wir alle (einschließlich der Experten) die

Vögel sind sehr anpassungsfähig, was Form und Größe ihrer Bruthöhlen anlangt, aber oft recht eigenwillig in Bezug auf den Standort. Wenn ein Kasten nicht angenommen wird, sollten Sie es an einem anderen Platz probieren.

Komplexität von Ökosystemen wohl nie vollständig verstehen werden, sollten wir uns vielleicht in einer Tugend üben, die auch unseren menschlichen Beziehungen zugute kommt: in der Tugend der Toleranz. Mag ja sein, dass wir Menschen gescheiter sind als der Rest der Natur, weiser sind wir sicher nicht.

Nach diesem kleinen Abstecher in die ökologische Ethik kehren wir zu der Frage zurück, wie wir unsere singenden Lieblinge und Schädlinge vertilgenden Helfer

möglichst effektiv fördern und vor jenen schützen können, die ihnen an den Kragen wollen. Da ist einmal der Standort. Wie aus den Artbeschreibungen ersichtlich, suchen die verschiedenen Vogelarten nicht nur in verschiedenen »Nischen« des Lebensraums ihre Nahrung, sie suchen auch nach Schutz für ihre Brut in verschiedenen Teilen des Habitats. Wenn wir also ein Pärchen Bachstelzen oder Hausrotschwänze anlocken wollen, dann müssen wir die dafür vorgesehe-

nen Halbhöhlen an ganz anderen Stellen anbringen, als wenn wir damit Rotkehlchen oder Zaunkönig verführen wollen. Darum ist es wichtig, sich mit den Lebensgewohnheiten der Vögel zu beschäftigen, die man besonders fördern möchte. Von den Lebensgewohnheiten hängt es auch ab, in welcher Höhe die Nistkästen anzubringen sind. Während Rotkehlchen und Zaunkönig in den unteren, gut versteckten Etagen zu Hause sind, von Bodennähe bis höch-

Manchmal suchen sich Vogelmütter recht ungewöhnliche Plätze für den Bau ihrer Nester. Hier hat eine Amselin ein Fenstersims gewählt, was schönste Beobachtungsmöglichkeiten eröffnet.

stens 1 m darüber, bevorzugen Hausrotschwanz, Grauschnäpper und Haussperling höhere Lagen an Gebäuden mit freiem Anflug. Die meisten anderen kleinen Höhlenbewohner (Meisen, Kleiber, auch Bachstelzen) sind ziemlich flexibel, was die Höhe anlangt. Die Bewohner großer Höhlen (außer der flexiblen Stockente) ziehen ganz allgemein Kästen in 4–6 m Höhe (oder mehr) vor und brauchen mehr oder weniger freien Anflug. Neben den speziellen Bedürfnis-

sen der einzelnen Arten gibt es aber auch einige für alle gültige Regeln. So sollte man Nistkästen nicht an Stellen anbringen,
> die lange praller Sonne ausgesetzt sind,
> wo Wind und Regen freien Zugang zur Flugöffnung haben,
> wo Katzen und Marder leichtes Spiel haben (siehe auch S. 110ff.),
> wo sie frei im Wind schaukeln.

Zu den allgemeinen Regeln gehört auch, dass Kleinvögel ihre

Nester selber bauen, also am liebsten völlig leere (und von Ungeziefer freie) Bruthöhlen beziehen. Darum sollte man die Kästen nach dem Ausfliegen der Brut möglichst gleich (für Zweitbruten), spätestens aber im Herbst ausräumen und wo nötig mit Wasser oder Feuer (Camping-Gasbrenner) von Parasiten reinigen. Verwenden Sie aber keine giftigen Sprays. Die großen Nistkästen können mit einer nicht zu dicken Schicht Hobelspäne, Sägemehl und/oder

Nach der Brutzeit (ab September) sollte man alle Nistkästen kontrollieren und die alten, meist von Parasiten befallenen Nester entfernen, notfalls auch den Innenraum auswaschen oder ausflämmen. Eine kleine Einstreu aus Hobelspänen, Torf, trockenem Laub oder Moos macht die Nisthöhle als Schlafquartier für kalte Nächte attraktiver.

drei Bruten machen, dafür aber fast nie die gleiche Brutstätte verwenden. Revierstreitigkeiten finden im Allgemeinen nur zwischen Individuen derselben Art statt, bei ausreichendem Nahrungs- und Nistplatzangebot aber auch dann nicht immer. Arten mit unterschiedlichen Ansprüchen tolerieren sich auch auf engem Raum; sogenannte »Räuber« gehen meist im weiteren Umkreis auf die Jagd und lassen die nähere Umgebung ihres Brutplatzes unbehelligt. Die beste Zeit zum Aufhängen neuer Nistkästen ist der Herbst. So können sie den Winter über auswittern und vielleicht noch als Quartier in kalten Nächten dienen.

Spezielle Nistkästen

➤ Baumläufer-Kasten

Baumläufer bauen ihr Nest am liebsten dicht am Stamm eines Baumes mit rauher Rinde, bevorzugt in einem Spalt des Stammes oder hinter abstehender Borke. Nistkästen für Baumläufer werden daher so konstruiert, dass die Vögel durch seitliche Öffnungen dicht am Stamm in den Kasten schlüpfen können.

➤ Kleiber-Kasten

Der Kleiber ist bei der Nisthöhlenwahl ein Gernegroß. Obwohl er mit einem Kasten von Nor-

Sand für ihre potenziellen Benutzer attraktiver gemacht werden. Zur Befestigung der Kästen an Baumstämmen sollten Sie Aluminium-Nägel verwenden, da sie dem Baum nicht schaden, sich leichter wieder herausziehen lassen und – falls sie doch einwachsen – das Sägeblatt Ihrer

Kreissäge nicht ruinieren, wenn das Holz verarbeitet wird. Die Zahl der aufzuhängenden Nistkästen ist praktisch unbegrenzt. Wenn es Sie aus Gründen der Ästhetik nicht stört, sollten Sie lieber einige zu viel als zu wenig aufhängen. Schon deswegen, weil viele Vögel zwei oder

kleine Kolonien. Wer sie ansiedeln (oder vom selbstgewählten Platz umsiedeln) möchte, kann dies relativ leicht mit kleinen Kästen (15 x 15 x 35 cm), die man der Länge nach dicht unter einem Dachvorsprung anbringt. Das Flugloch kann niedrig (3 cm), sollte aber breit (6 cm) sein. Wichtig ist eine freie Höhe über dem Boden von mindestens 5 m, da sich die Vögel beim Start fallen lassen.

➤ Steinkauz-Röhre

Steinkäuze haben merkwürdige Bedürfnisse bei der Auswahl ihres Nistplatzes. Sie bevorzugen waagrechte Röhren, wie Eisvogel und Uferschwalbe, die sich aber ihren Röhren selbst in Sandwände graben. Natürlicherweise brüten sie bei uns aber in hohlen Kopfweiden und Obstbäumen. Darum kann man ihnen durchaus auch einen ganz normalen Nistkasten (etwa 17 x 17 x 30 cm) mit einem 8-cm-Flugloch anbieten. Offenbar bevorzugen sie aber eine waagrechte Röhre (rund oder eckig) von etwa 80 cm Länge und 18–20 cm Innen-Durchmesser und einem Flugloch-Durchmesser von 7–8 cm. Um Marder am Eindringen zu hindern, besteht der zurückgesetzte Eingang aus zwei Scheiben mit je einem Flugloch, die im Abstand von 7–8 cm hintereinander so angebracht werden, dass das eine Loch rechts, der andere links ist. Der behende

Spezial-Nistkästen, wie der für Baumläufer, sind schwieriger selbst zu bauen. Holzbetonkästen haben zudem den Vorteil, haltbarer zu sein.

malgröße für Kleinvögel (Innendurchmesser 12 cm) ohne weiteres auskommt, wählt er wo immer möglich größere Kästen, bis hin zu Eulenkästen, deren Eingänge er dann auf eine für seine Größe passende Dimension zumauert. Um dies zu verhindern, kann man für Kleiber Sondergrößen anfertigen (oder kaufen): Kästen, die nicht höher sind als Meisenkästen, jedoch

einen Innendurchmesser von etwa 20 cm und einen Fluglochdurchmesser von 30–32 mm haben.

➤ Mauersegler-Kasten

Mauersegler brüten in der Natur in Felsspalten, bei uns aber praktisch nur noch an Gebäuden, meist unter Dachziegeln. Als sehr gesellige Vögel bilden sie meist

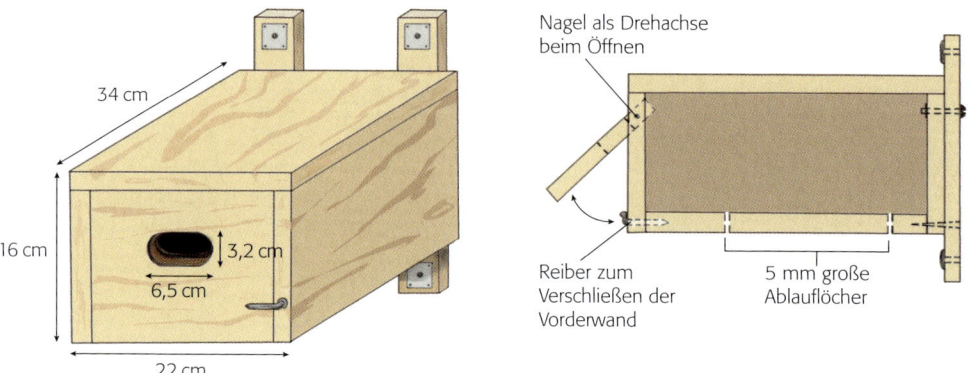

34 cm

16 cm

3,2 cm

6,5 cm

22 cm

Nagel als Drehachse
beim Öffnen

Reiber zum
Verschließen der
Vorderwand

5 mm große
Ablauflöcher

Mauersegler mögen länglich-flache Nistkästen. Natürlich kann man sie auch mit der Längsseite an der Hauswand (unterm Dach) befestigen und das Flugloch (auch rechteckig) seitlich in der Seitenwand anbringen.

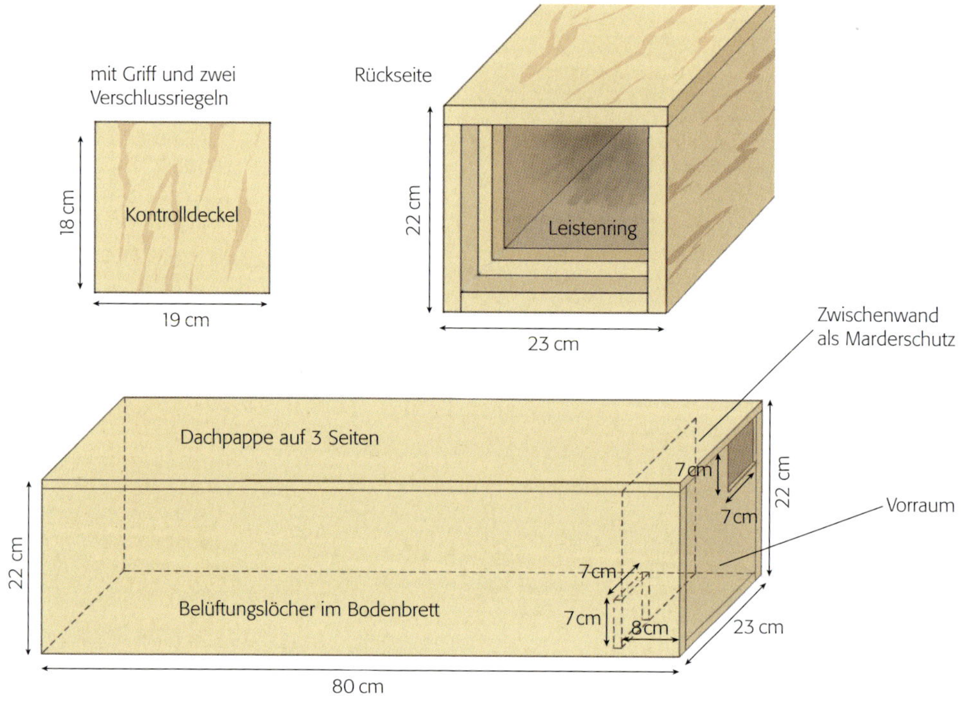

mit Griff und zwei
Verschlussriegeln

Kontrolldeckel

18 cm

19 cm

Rückseite

22 cm

Leistenring

23 cm

Zwischenwand
als Marderschutz

Dachpappe auf 3 Seiten

7 cm

7 cm

22 cm

Vorraum

22 cm

Belüftungslöcher im Bodenbrett

7 cm

7 cm

8 cm

23 cm

80 cm

Steinkäuze ziehen ihre Jungen gerne im hintersten Winkel einer länglichen Brutröhre auf. Damit Marder und Katzen keinen Zutritt haben, baut man eine doppelte Vorderwand mit versetztem Einschlupf.

Maße für den Hohltauben-Kasten

Brettstärke	2,5 cm
Fluglochweite	8–9 cm
Fluglochwand	25 x 34 cm
Abstand Oberkante–Fluglochmitte:	8 cm
Rückwand	30 x 38 cm
Seitenwände	26,3 x 36 x 38 cm
Boden mit 4–6 Ablauflöchern: Ø je	25 x 25 cm ca. 0,3 cm
Dach	34 x 36 cm
Aufhängeleiste	6 x 2 x 85 cm

Kauz kann sich da durchschlängeln, der Marder nicht. Gegenüber vom ersten Loch kann man mit einigen kleineren Bohrungen für bessere Lüftung im hinteren Teil der Röhre sorgen. Auch etliche Dränagebohrungen im Boden empfehlen sich, da die Jungen einen geruchsintensiven, flüssigen Kot ausscheiden, weshalb auch eine Einstreu aus Torf oder Sägemehl sinnvoll ist. Die Rückwand sollte für Kontrollen abnehmbar sein. Das Ganze wird auf oder unter einen waagrechten Ast montiert.

➤ Schleiereulen-Kasten

Auch Schleiereulen gehören nicht gerade zu den Gartenlieblingen, obwohl es ebenso schöne wie nützliche und bedrohte Vögel sind. Darum sollte jeder, der in der Nähe mausreicher Wiesen und Felder wohnt, überlegen, ob er nicht mit einem Brutkasten etwas zur Erhaltung dieser Eule beitragen kann. Die Ausmaße eines Schleiereulen-Kastens sind allerdings beeindruckend: 50 cm im Geviert und 100 cm lang sollte die Wohnung sein. Wie der Steinkauz liebt die Schleiereule kein direktes Licht im Kinderzimmer. Darum wird neben dem etwa 12 cm breiten und 18 cm hohen Eingang innen eine Halbwand eingezogen. Um den Kasten kontrollieren und reinigen zu können, sollte der Deckel wenigstens zur Hälfte aufklappbar sein. Anzubringen sind

Rotkehlchen brüten gern in Bodennähe, zwischen Wurzeln und in kleinen Höhlungen. Mit Halbhöhlen-Kästen (S. 37) in geringer Höhe kann man diese liebenswerten Vögel vielleicht im katzenfreien Garten ansiedeln.

solche Kästen hoch an Haus- oder Scheunenwänden unter vorstehendem Dach und mit freier Anflugsmöglichkeit.

➤ Turmfalken-Kasten

Turmfalken gehören zwar nicht unbedingt zu den Gartenvögeln, wer aber am Ortsrand oder in einem städtischen Hochhaus wohnt, kann mit geringen Mittel möglicherweise viel für diesen nützlichen kleinen Greifvogel tun. Als Felsnischenbrüter braucht er eine geräumige Halbhöhle mit Innen-maßen von etwa 40 x 30 x 30 cm. Die Vorderseite kann man als 15 cm hohe Schwelle über die ganze Breite vorsehen, oder man arbeitet mit niedrigerer Schwelle und seit-lichem Schutz. Wichtig ist eine Sitzmöglichkeit vor der Öffnung (vorgezogener Boden oder Stange). Den Kasten hängt man am besten hoch an eine Haus-wand, möglichst im Schutz eines überstehenden Daches. Entschei-dend ist eine ganz freie Flug-schneise von und zum Brutplatz. Da die Jungen ihren Kot frei nach außen abgeben, tut man gut, eine entsprechende Auffang-vorrichtung anzubringen.

➤ Stockenten-Häuschen

Stockenten werden oft sehr zutraulich, besonders wenn man sie füttert. Wer einen Gartenteich hat, wird sicher irgendwann ein-mal Entenbesuch bekommen.

Mit einem einfachen Häuschen von 30–40 cm Breite, Länge und Höhe, dessen Vorderseite bis auf eine 5–10 cm hohe Schwelle offen ist, kann man die Entenmutter ziemlich leicht zum Brüten bringen. Zum Schutz vor Eierdieben stellt man das Häus-chen am besten auf einen nied-rigen Pfahl ins Wasser.

Wer sich einen detaillierteren Überblick über die Vielfalt der vom Handel angebotenen und meist leicht nachzubauenden Nistgeräte verschaffen möchte, sollte sich den Katalog der auf

➤ Tabelle heimischer Vogelgehölze

Name	Nistplatz	Nahrung	Fruchtreife	Schnitt
Apfelbaum	(■)	■	Aug–Dez	Quirlschnitt
Berberitze	(■)	■	Aug–Okt	Schnitt
Brombeere	■	■	Aug–Okt	
Eberesche		■	Aug–Sep	
Efeu	■	■	Feb–Apr	
Elsbeere		■	Aug–Sep	
Erle	(■)	■	Sep–Okt	
Esche		■	Jul–Okt	
Feldahorn	■	■	Sep–Okt	Heckenschnitt
Felsenbirne		■	Jul–Aug	
Hainbuche	■	■	Sep–Okt	Heckenschnitt
Hartriegel	(■)	■	Aug–Sep	Schnitt
Haselnuss	(■)	(■)	Sep–Nov	Rückschnitt
Heckenkirsche	(■)	■	Jul–Sep	Rückschnitt
Heckenrose	■	■	Sep–Okt	
Holunder	(■)	■	Aug–Sep	
Kornelkirsche	(■)	■	Aug–Sep	Schnitt
Kreuzdorn	■	■	Sep–Nov	Schnitt
Liguster	■	■	Aug–Okt	Heckenschnitt
Mehlbeere	(■)	■	Sep–Okt	Schnitt
Pfaffenhütchen		■	Aug–Okt	
Rotbuche	■	■	Sep–Nov	Heckenschnitt
Schlehe (Schwarzdorn)	■	■	Sep–Okt	Heckenschnitt
Traubenkirsche	(■)	■	Jul–Aug	Quirlschnitt
Wacholder	■	■	Sep–Okt	
Gewöhnlicher Schneeball	(■)	■	Sep–Okt	Rück- und Quirlschnitt
Weißdorn	■	■	Sep–Okt	Heckenschnitt
Wolliger Schneeball	(■)	■	Aug–Sep	Quirlschnitt

diesem Gebiet wohl führenden Firma Schwegler (D-73614 Schorndorf) schicken lassen. Die meisten Produkte dieser Firma sind aus Holzbeton, einem Material, das gegenüber Holz manche Vorteile hat, besonders den der längeren Haltbarkeit.

Nisthilfen für Freibrüter

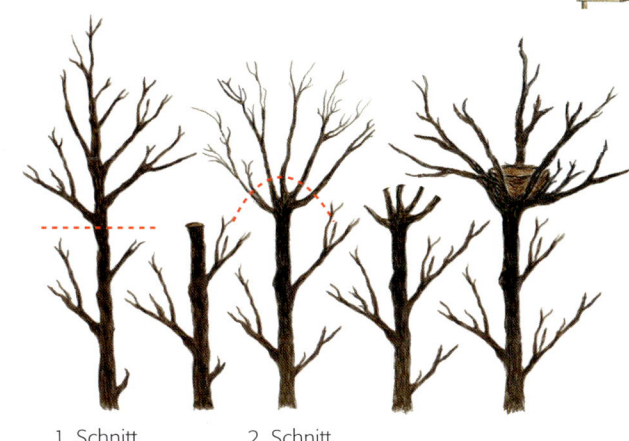

1. Schnitt   2. Schnitt

Entscheidend für alle im Geäst nistenden Vögel sind drei Bedingungen: Das Nest braucht einen festen Halt, Sichtschutz vor Luftangriffen und möglichst Schutz vor Bodentruppen. Darum werden von vielen Arten (Türkentaube, Heckenbraunelle, Amsel, Girlitz, Grünling, Gimpel, Kernbeißer) dichte, oft immergrüne Bäume, Sträucher und vor allem Schnitthecken bevorzugt als Nistplatz gewählt. Ihnen kann man zu einem festen Bauplatz verhelfen, indem man senkrechte Triebe von Laub- und Nadelhölzern einkürzt; die nachwachsenden Triebe bilden dann oft einen Quirl, der sich zum Nestbau bestens eignet – wenn er genügend geschützt steht. Besonders beliebt sind Dornsträucher wie Weiß- und Schwarzdorn, weil sie gute Quirle bilden und Katzen durch ihre Dornen abhalten. Aber auch Schnitthecken aus Liguster, Hain- und Rotbuche und Immergrünen bieten meist

Den sogenannten Freibrütern fehlt es oft mehr an Nistplätzen im Garten als den mit Nistkästen verwöhnten Höhlenbrütern. Der Schnitt von Astquirlen (oben) und das Binden von Nisttaschen aus Zweigen (unten) sind zwei Möglichkeiten, ihnen zu helfen.

alle drei Bedingungen. Näher dem Boden brütende Arten, wie Zaunkönig, Rotkehlchen und Grasmücke, verziehen sich gern in den Schutz von dichtem Brombeergeranke und Brennnesselgestrüpp oder in Reisighaufen. Eine gute Nisthilfe können auch aufrecht, hängend oder als Tasche an Baumstämme gebundene Reisigbündel sein. Auch zusammengebundene Zweige bieten gute Nestunterlagen – ein etwas barbarisches Verfahren.

VÖGEL BEOBACHTEN UND UNTERSCHEIDEN

Mit offenen Augen und Ohren

Vögel gehören zu den hoch entwickelten Tieren mit einem vielfältigen Verhalten. Allein ihr Stimm-Repertoire zählt zum Differenziertesten im gesamten Tierreich. Kein Wunder also, dass diese hübschen, interessanten und stimmbegabten Tiere die Menschen schon immer fasziniert haben. Allerdings steht eine Eigenschaft recht hinderlich zwischen Mensch und Vogel: Vögel können fliegen. Und sie nützen diese Eigenschaft, um keine Risiken einzugehen. Das heißt, sie flüchten im Allgemeinen vor Menschen schon auf größere Entfernung und sind dann nur noch als kleine Silhouetten in den höchsten Baumwipfeln oder in der Luft zu sehen.

Lange Zeit setzten die Menschen drastische Mittel ein, um Vögel in ihren Besitz zu bringen. Man fing sie mit Netzen und Leimruten und holte sie mit der Flinte aus ihrem luftigen Reich. Das geschah (und geschieht) nicht nur mit der ältesten biologischen Absicht des Nahrungserwerbs, sondern vielfach und zunehmend auch aus »Zuneigung«. So diente der Vogelfang über Jahrhunderte auch der Käfighaltung, um sich aus nächster Nähe an

den Gesängen und bunten Kleidern der Gefangenen erfreuen zu können. Bis weit ins 20. Jahrhundert hinein pflegten auch wissenschaftlich an Vögeln Interessierte (Ornithologen), sich die Bestimmung einer unbekannten Art durch den Schuss mit der Vogelflinte zu erleichtern. Das Sammeln von Bälgen und Vogeleiern wurde vielfach zu einer Leidenschaft, die (wie so manche Leidenschaft) weit über das Vernünftige hinaus ging. Auch heute werden noch Vögel gefangen und geschossen, in manchen Gegenden mehr, in anderen weniger. Nur noch selten ist die Notwendigkeit solchen Tuns erkennbar.

Durch all dies wurden viele Vogelarten nicht nur selten, sondern auch scheu, was die Bemühungen echter Vogelfreunde um nähere Beziehungen zur Vogelwelt nicht eben erleichtert. Zwei Dinge können Ihnen helfen, die scheue Flüchtigkeit der Gefiederten ohne Tod und Käfig zu überlisten: Die in diesem Buch empfohlenen Mittel der Anlockung und ein gutes Fernglas.

Tatsächlich haben die Fortschritte auf dem Gebiet der Optik wesentlich zum Entstehen einer neuen Leidenschaft beigetragen: der Vogelbeobachtung. »Birdwatching« ist besonders in England und den USA, aber auch in

Skandinavien und inzwischen in allen Ländern mit hohem Wohlstand (und durch den Naturtourismus auch in vielen ärmeren Ländern) fast schon ein Breitensport geworden. Natürlich gibt es auch hier »leidenschaftliche Auswüchse«, etwa wenn britische »Twitcher« (Raritätenjäger) per Flugzeug an Orte eilen, von denen Hotline oder Internet die Entdeckung eines seltenes Vogel gemeldet haben.

Immerhin unterscheidet sich selbst der spleenigste Vogelbeobachter von all den Fängern und Jägern, die auch heute noch ihr todbringendes Unwesen treiben, zumindest in einem wesentlichen Punkt: Er benutzt seine hochentwickelte Optik dazu, den Gegenstand seines Interesses aus gebührender Entfernung, in seinem natürlichen Verhalten – und das heißt, ohne ihn zu stören – und in seiner natürlichen Umgebung zu beobachten. Bei nicht wenigen dieser Hobby-Ornithologen hat das auch dazu geführt, dass sie sich aktiv oder durch Mitgliedschaft in einer Schutzgemeinschaft für den Schutz der Arten und ihrer Lebensräume einsetzen. Das Futterhaus im winterlichen Garten, das singende Rotkehlchen in der Hecke, der im Nistkasten brütende Rotschwanz waren in vielen Fällen der Auslöser.

Fernglas und Spektiv

Die Futterstelle auf der Fensterbank ist sicher eine gute Möglichkeit, den »Unerreichbaren« ein wenig näher zu kommen. Ein gutes Fernglas eröffnet aber viele weit darüber hinaus gehende Möglichkeiten. Vor allem lassen sich damit auch solche Arten en detail beobachten, die nicht oder nur selten ans Futterhaus kommen, und man kann damit das Intimleben der Vögel auch zu einer Zeit studieren, in der kein Futter sie ans Fenster lockt. Fast möchte man sagen, die interessanteren und liebenswerteren Seiten des Vogellebens erschließen sich erst durchs Fernglas: Revierverteidigung, Werben um den Partner (Balz), Nestbau, Begattung, Jungenaufzucht, Gefiederpflege, Nahrungssuche in natürlicher Umgebung – all das bekommt man am winterlichen Futterplatz nicht zu sehen. Ein Fernglas ist für den interessierten Vogelfreund also so unerlässlich wie die Rosenschere für den Blumengärtner.

Nun ist das Angebot groß und die Wahl schwer. Worauf soll man achten? Neben dem Preis sind vor allem ausschlaggebend: die Vergrößerung, das (davon abhängige) Seh- oder Gesichtsfeld sowie Qualität und Vergütung der Linsen und mechanische Widerstandsfähigkeit. Die Lichtstärke, die von der Größe des Objektivs (der Lichteintritts-Linse) abhängt, spielt zwar für den »dämmerungsaktiven« Jäger, nicht aber für den meist bei hellem Tageslicht operierenden Birdwatcher eine wichtige Rolle. Auf allen Gläsern sind Vergrößerung und Lichtstärke mit zwei Zahlen angegeben: 8 x 30 heißt, dass das Glas 8fach vergrößert und der Durchmesser der Eintrittslinse 30 mm misst. Die Größe des Sehfelds wird nicht immer angegeben und dann noch oft in unterschiedlicher Form, etwa als »Sehfeld 6,4°« oder als »110 m/1000 m«, was bedeutet, dass man auf 1000 m Entfernung eine 110 m lange Strecke überblickt.

Die Vergrößerung eines Fernglases verführt manchen, nach dem Bauernmotto »viel hilft viel«, ein zu starkes Glas zu kaufen. Je stärker die Vergrößerung, desto »wackeliger« wird aber auch das Bild, wenn man das Glas freihändig hält, was immerhin der Normalfall ist. Aus diesem Grund benützen viele erfahrene Vogelbeobachter lieber ein 7–8faches als ein 10–12faches Glas.

Die schwächeren Vergrößerungen haben zwei weitere Vorteile: Ihr Sehfeld und ihr Nahbereich sind größer. Ein großes Sehfeld (130–150 m/1000 m) ist vor allem zum Aufsuchen eines Vogels wichtig. Bei kleinem Blickfeld (unter 110 m/1000 m) muss man z.B. im Geäst eines Baumes oft so lange suchen, bis der Vogel auf und davon ist; fliegende Objekte erwischt man mit kleinem Sehfeld höchstens zufällig oder mit großer Übung. Da die Angaben über das Sehfeld fehlen oder nicht vergleichbar sind, probieren Sie es am besten beim Optiker durch Vergleich aus. Gerade für Beobachtungen im Garten ist der Nahbereich wichtig. Ein Glas, das erst ab 8–10 m scharf ist, eignet sich für Gärten (und Wälder) schlecht. Mit einer Naheinstellgrenze von 3–4 m kann man z.B. auch noch Schmetterlinge gut beobachten.

Neben diesen rein technischen Daten spielen für die Qualität eines Fernglases selbstverständlich die Gläser, ihre Verarbeitung sowie Robustheit und Verarbeitung von Mechanik und Gehäuse (Gummiarmierung!) eine wichtige – und ins Geld gehende – Rolle. Beim Kauf ist auf Helligkeit (z.B. Fluoritlinsen), Farbtreue, Auflösung und (Rand-) Schärfe zu achten. Auch hier sagt der praktische Vergleich mehr als langwierige Rezepte. Markengläser bieten eine gute Gewähr für Qualität, sind aber auch 10- bis 30-mal teurer als einfache. Das Preisspektrum reicht bei (normalen) Ferngläsern von 50–60 Mark bis über 2000 Mark. Natürlich sollte man auch an das Gewicht denken. Mit zunehmender Lichtstärke und Vergrößerung wird ein Glas in der Regel schwerer, was aber auch den Vorteil hat, dass es ruhiger in der Hand liegt.

Um gute Fotos zu erhalten, sollte man sich nicht unbedingt dort auf die Lauer legen, wo Vögel am sensibelsten reagieren, wie z.B. am Nistplatz. Hier ein Grauschnäpper mit seiner Brut in einem hohlen Obstbaum.

Eine feine Sache für besonders Begeisterte ist das Spektiv. Das ist ein auf Stativ zu montierendes (einäugiges) Fernrohr mit einer Vergrößerung von 25–60fach; es gibt Zoom- und Fest-Okulare, bei fester Vergrößerung sollte man nicht über 30fach (möglichst mit Weitwinkel) gehen. Solche Geräte trägt man nicht in der Westentasche, sondern gibt ihnen zu Hause einen festen Platz oder nimmt sie im Auto mit an Seen und in andere offene Landschaften, wo sie einem eine neue Welt erschließen. Die Marken Optolyth, Swarovski, Kowa, Leica garantieren für Qualität, die mit Preisen zwischen 2000 und 3000 Mark freilich auch den Geldbeutel strapaziert.

Vogeljagd mit der Kamera

Vögel zu fotografieren ist nicht einfach, schon gar nicht in freier Natur. Ohne Versteck kommt man einfach nicht nah genug an die scheuen und doch recht kleinen Objekte heran. Im Garten tut man sich da schon erheblich leichter, weil man das Haus als Versteck nutzen kann. Allerdings sind auch hier einige Voraussetzungen zu beachten.

Am wichtigsten ist es, die Vögel an einen bestimmten Platz zu locken. Das kann der Futterplatz sein, eine Tränke (Badeplatz), ein besetzter Nistkasten oder auch

Wer Vögel fotografieren oder filmen möchte, muß sich dazu Plätze aussuchen, zu denen sie sich hingezogen fühlen. Da das Fotografieren an Nestern und Nistkästen nicht unproblematisch ist, sollte man lieber Futterstellen, Badeplätze und Tränken oder – wie hier – Lehmpfützen wählen, an denen Schwalben Baumaterial für ihre Nester holen.

eine Stelle mit feuchter, lehmiger Erde, die gerne von Schwalben angeflogen wird, um Nistmaterial für ihre Nester zu sammeln. Zu vermeiden sind auf jeden Fall Störungen an Nestern.

Als Versteck für den Fotografen bietet sich das Haus selber an. Da Vögel aber sehr gut sehen (besonders Bewegungen), genügt oft die gewöhnliche Fensterscheibe nicht, um den Vogeljäger mit der Kamera zu verbergen. Dann muß man mit Tüchern, Kartons, Brettern oder undurchsichtigen Folien auf der Scheibe für entsprechenden Sichtschutz sorgen. Eine kleine Öffnung für die (fest montierte) Kamera sollte noch etwas Überblick lassen.

Die dritte Voraussetzung für befriedigende Vogelaufnahmen ist ein ausreichendes Teleobjektiv. Videokameras mit 10–12facher Vergrößerung bieten schon recht gute Möglichkeiten, zumal bei bewegten Bildern das Motiv nicht unbedingt formatfüllend sein muß. Für Fotoapparate genügt das normale 50-mm-Objektiv nur dann, wenn eine Amsel direkt auf dem Fenstersims brütet (S. 41). Allerdings braucht man dann einen Blitz, da man sonst unweigerlich unterbelichtete Aufnahmen bekommt. Für Fotos von Vögeln am Futterplatz (sofern der nicht direkt vor dem Fenster ist) oder an Nistkasten oder Tränke benötigt man meist schon ein stärkeres Tele (200–500 mm) und ein Stativ für die Kamera. Auch dann ist meist ein Aufhellblitz sehr angebracht.

Da sich Vögel sehr rasch bewegen, sind gute Aufnahmen bis zu

Wer scharfe Flugaufnahmen machen will, wie dieses gelungene Foto einer Blaumeise, braucht viel Können (um eine Situation möglichst unauffällig und dennoch effektiv zu manipulieren), eine gute Ausrüstung (um mit extrem kurzen Blitz- und Verschlußzeiten arbeiten zu können) und Geduld.

einem gewissen Grad immer Glückssache. Darum sollte man keinesfalls am Filmmaterial sparen: Unter 36 Aufnahmen sind oft nur ein oder zwei wirklich gute.

Bestimmungs-bücher

Selbstverständlich kann man sich am bunten Treiben der Vögel im Garten auch erfreuen, ohne ihre Namen zu kennen. Aber je mehr man sich mit ihnen

beschäftigt, desto stärker wächst das Bedürfnis zu unterscheiden und zu benennen. Der kleine Bestimmungsteil in diesem Band (S. 60ff.) bietet für den ersten Einstieg eine Hilfe, für gestiegene Ansprüche wird er aber nicht reichen – schon deswegen nicht, weil hier nur die häufigsten Gartenvögel vorgestellt werden können. Je nach Lage können aber weit mehr Vogelarten Ihren Garten besuchen. Immerhin sind in Deutschland über 400 Vogelarten nachgewiesen worden (von denen allerdings der

größte Teil sich niemals in Gärten zeigen wird).
Bei der großen Vielfalt an Bestimmungsliteratur fällt es schwer, eine Auswahl zu treffen (s. Literaturverzeichnis S. 124). Grundsätzlich könnte man unterscheiden zwischen Bänden mit einer beschränkten und daher für den Laien übersichtlicheren Auswahl von Arten und solchen Führern, die auch die seltensten oder nur an den Rändern Europas vorkommenden Vögel abbilden und beschreiben. Für den engagierten und reisenden Bird-

Geduldige und aufmerksame Naturbeobachter können mit der Zeit selber herausfinden, dass beim Stieglitz Männchen und Weibchen gleich aussehen (unten), Jungvögel (oben) aber erst ab Oktober die typische Kopfzeichnung bekommen. Dass es sich bei ihnen nicht um eine völlig andere Art handelt, erkennt man schon an der Flügelzeichnung. Gute Bestimmungsbücher weisen auf diese Merkmale in Abbildung und/oder Text hin.

watcher sind solche umfassenderen Bände unumgänglich, den Anfänger verwirren 400–500 Vogelarten aber nur.

Außerdem wäre zu unterscheiden zwischen Führern, bei denen die Vögel entsprechend ihrer Verwandtschaft, d. h. »systematisch« geordnet sind (die Mehrzahl der fachlich anspruchsvolleren Führer beginnt mit den Seetauchern und endet mit den Ammern), und Bänden, in denen die Vogelarten nach anderen Prinzipien gegliedert sind, etwa nach Lebensräumen oder nach Körpergröße. Die systematische Anordnung hat den Vorteil, dass verwandte und daher meist auch ähnliche Arten nebeneinander stehen und direkt miteinander verglichen werden können. Die nach Lebensräumen gegliederten Bände haben für den Laien den Vorteil, kleinere, leichter überschaubare Einheiten zu behandeln. Der Nachteil: Die Vögel halten sich nicht immer an ihre »normalen« Lebensraumgrenzen – sofern diese überhaupt klar zu definieren sind.

Schließlich wäre noch zu trennen zwischen Bänden mit Fotoabbildungen und gemalten Tafeln. Es gibt heute von allen Vögeln ausgezeichnete Fotos. Ihr Nachteil ist, dass sie immer nur einen Zustand eines in Alter, Geschlecht, Jahreslauf und Bewegung sich ändernden Aussehens wiedergeben. Mit Zeichnungen kann man besser (und billiger) solche Veränderungen darstellen und auf charakteristische Merkmale hinweisen. Aber auch hier gilt: Für den Anfänger sind gute Fotos meist besser geeignet – wenn er in Kauf nimmt, den einen oder anderen Vogel nicht bestimmen zu können, weil sein Kleid von dem des Fotos abweicht.

Alle Bestimmungsbücher haben also ihre Vor- und Nachteile. Kenner legen sich daher mit der Zeit eine kleinere oder größere Bibliothek von Bestimmungs- und Handbüchern zu und beziehen noch Zeitschriften, in denen Probleme der Unterscheidung ausführlich behandelt werden.

Rufe und Gesänge auf Band oder CD

Das Bestimmen nach Bildern stößt bei etlichen Vogelarten bald an seine Grenzen. Das betrifft einmal Vögel, die sehr ähnlich aussehen, Zwillingsarten wie Zilzalp und Fitis oder Wald- und Gartenbaumläufer, oder Vögel, die man wegen ihrer versteckten oder nächtlichen Lebensweise (Eulen) selten zu Gesicht bekommt. Hinzu kommt, dass es im belaubten Geäst oft schwer ist, einen Vogel überhaupt zu entdecken, geschweige denn ihn in Ruhe betrachten und vergleichen zu können. In all solchen Fällen ist die Stimme der Vögel oft das beste Bestimmungsmerkmal.

Nun ist es mit dem Erlernen der »Vogelsprache« so eine Sache.

Manche Menschen können sich Stimmen gut merken, andere hören gar keinen Unterschied. Selbst unter den alten Hasen der Vogelbeobachtung gibt es viele, die sich so lange mit den Lautäußerungen ihrer Lieblinge herumschlagen, bis ihr Gehör im Alter ihren Bemühungen ein natürliches Ende setzt. Obwohl es also sicher große individuelle Unterschiede beim Talent für Vogelstimmen gibt (ob es mit Musikalität zu tun hat, ist umstritten), eins gilt für alle: Ohne Fleiß kein Preis. Selbst gute Vogelstimmenkenner müssen ihr akustisches Gedächtnis durch ständige Übung immer wieder auffrischen. Schwierigere Unterscheidungen können einem schon von einer Saison zur nächsten abhanden kommen. Da muss man sich dann jedes Frühjahr wieder neu bewusst machen, worin sich z. B. die Gesänge der Grasmücken oder der Rohrsänger unterscheiden – ganz zu schweigen von den lakonischen Rufen.

Erfreulicherweise haben die technischen Hilfsmittel zur Bestimmung von Vogelgesängen in gleicher Weise große Fortschritte innerhalb der letzten Jahre gemacht wie Bestimmungsbücher und optische Ausrüstung (s. Hinweise S. 124). Ähnlich wie bei der Bestimmungsliteratur sind die Kassetten und CDs teils in systematischer Reihenfolge, teils nach Lebensräumen geordnet. Wichtiger aber ist der Unterschied

zwischen Kassette und CD. Da man in der Regel die Stimmen nicht nacheinander abhört wie ein Konzert, sondern die einer bestimmten Art herauspicken möchte, ist die Technik der CD der des Tonbands klar überlegen. Nachteilig ist nur, dass die Technik der transportablen CD-Player noch ein bisschen der der Kassettenrecorder hinterherhinkt.

Schauen und Hören

Die beste Ausrüstung nützt wenig, wo nicht die Liebe zum Objekt in geduldiges Hinschauen und Hinhören mündet. Naturbeobachtung verlangt viel vom modernen Menschen: Ruhe, Geduld, Aufmerksamkeit, Liebe zum Detail, gelegentlich auch körperliche Anstrengung und Ausdauer sowie das Erdulden natürlicher Widrigkeiten. Doch wie jedes Training von Körper, Geist und Seele bringen auch die Übungen in Vogelbeobachtungen dem Menschen mehr als nur einen Zuwachs an Wissen.

Man sollte sich anfangs aber nicht zu viel zumuten. Von einem bequemen Stuhl aus die Vögel im Garten zu beobachten, kann ebenso meditativ und grundlegend für ein später viel umfangreicheres Hobby sein, wie fünf Minuten des bewussten Hinhörens auf die Morgenstimmen der Vögel vor dem Aufstehen. Auch die ästhetische Seite sollte auf ihre Kosten kommen. Die Schönheit der Federkleider am Objekt zu bewundern, kann ergänzt werden durch die Betrachtung künstlerischer (auch fotografischer) Vogelbilder, wie sie in vielen Prachtbänden zu finden sind.

Aber nichts geht über die Beob-

Das vielfältige, oft ausgesprochen spannende und liebenswerte Verhalten der Vögel lässt sich größtenteils allein durch aufmerksames Schauen und Hören erfahren. Fernglas, Kamera, Tonbandgerät können dabei wertvolles Hilfsmittel sein. Auf dem Foto zwei Gimpel-Männchen.

achtung. Da erst entsteht aus der Veränderlichkeit der Kleider, aus den Bewegungen, aus den Lautäußerungen und aus den speziellen räumlichen und zeitlichen Beziehungen so etwas wie eine Gesamtgestalt einer Vogelart. Übrigens funktioniert dieses Wahrnehmungs- und Erkennungssystem genauso wie im menschlichen Bereich. Auch Menschen erkennen wir an ihren Bewegungen, an ihrer Stimme, an ihrem räumlichen und zeitlichen Vorkommen. Wer hätte nicht schon verzweifelt in seinem Gedächtnis gekramt, wenn er plötzlich am Badestrand mit dem Bankangestellten konfrontiert wird. Auch der Vogelkundige erkennt seine »Bekannten« nicht nur an Aussehen und Stimme, sondern auch am Ort ihres Vorkommens, an der Art ihrer Bewegungen und an anderen Merkmalen.

Die Beobachtung von Vögeln verbindet einen wieder intensiv mit den großen Rhythmen der Natur – die wir durch unsere Höhlen- und Kunstlicht-Lebensweise kaum noch wahrnehmen: mit den Tages- und Jahreszeiten. Es ist nicht wahr, was einige boshaft behaupten, dass man es nur als Frühaufsteher zum zünftigen Birdwatcher bringen könne. Richtig ist aber, dass man sich ab und zu mal – vor allem im Mai/Juni – dazu aufraffen sollte, vor Sonnenaufgang wenigstens den Kopf aus dem Fenster zu strecken, noch besser aber einen Morgenspaziergang durch den Wald zu machen. Wie mit dem Verblassen der Sterne eine Stimme nach der anderen die Stille der Morgendämmerung erfüllt, wie schließlich der volle Chor aus hundert kleiner Kehlen die Sonne begrüßt – das gehört zu den überwältigendsten Naturerlebnissen.

Überhaupt ist der frühe Morgen eine gute Zeit für die Vogelbeobachtung. Fast alle wichtigen Aktivitäten – Singen, Balzen, Nahrungssuche, Nestbau – finden gehäuft in der Frühe statt. Allerdings hat das auch einen Nachteil: Wer die Stimmen der Vögel lernen will zu unterscheiden, der tut sich bei dem Durcheinander schwer. Wer nicht mit den allerersten Sängern aufstehen will – Hausrotschwanz, Rauchschwalbe, Amsel – geht besser am späteren Vormittag auf die Pirsch, wenn sich der musikalische Eifer etwas gelegt hat. Mittags ist es auch bei den Vögeln am ruhigsten, besonders an heißen Tagen. Wer wissenschaftliche Neigungen hat, kann die Zusammenhänge zwischen Gesangs- und sonstigen Aktivitäten mit Witterung, Tages- und Jahreszeit quantitativ studieren, indem er z. B. morgens, mittags und abends jeweils fünf Minuten lang alle Gesänge (oder im Winter die Zahl der Vögel am Futterhaus) samt Zeit und Wetter notiert und dann als Kurve aufträgt.

Nach der Brutzeit, im August, müssen sich die meisten Arten von den Strapazen des Brutgeschäfts erholen und das abgewetzte Federkleid erneuern. Sie »mausern«, werfen nacheinander das Großgefieder (Schwanz- und Flügelfedern) und das Kleingefieder (Körperfedern) ab, um es durch neue Federn zu ersetzen. (Amseln sehen oft schrecklich gerupft aus um diese Zeit.) Viele Schwimmvögel werfen sogar alle Schwungfedern gleichzeitig ab und sind dadurch eine Zeit lang flugunfähig; sie »schwimmen« ja im wahrsten Wortsinn in Nahrung.

Wer seine Gartenvögel aufmerksam studiert, wird all das und vieles mehr aus ihrem Leben kennenlernen. Wird die verschiedenen Kleider (Pracht- und Schlichtkleider der Männchen, Weibchen- und Jugendkleider) unterscheiden lernen, wird die Ankunftstage der Zugvögel voraussagen können und die Vorbereitungen für den Wegzug erleben. Auch wenn wir die Sprache der Tiere nicht oder nur ganz unzureichend verstehen, so erzählt uns die Natur doch sehr ausführliche und oft richtig spannende Geschichten, wenn wir nur darauf achten.

WELCHE VÖGEL KOMMEN IN DEN GARTEN?

Flatterhafte Gäste

Keine andere Tiergruppe ist in der Lage, so schnell und über so große Entfernungen den Ort zu wechseln wie die Vögel. Wie praktisch die Fliegerei ist, wenn man nicht nur den Nachbarn besuchen, sondern das Klima wechseln möchte, haben die Touristen inzwischen auch schon scharenweise entdeckt. In puncto energiesparendem Individualverkehr sind uns die Vögel aber nach wie vor weit voraus.

Für den Vogelbeobachter ist die Flatterhaftigkeit seiner Objekte Reiz und Ärgernis zugleich. Man ist nie vor Überraschungen sicher. Wer sich ein bisschen in der Welt der Vogelfreaks umtut, wird erstaunt sein, wieviel exotisches Geflügel alljährlich im biederen Mitteleuropa (wo sich die Zahl der Brutvogelarten mit 250 gegenüber 1500 in Amazonien doch recht bescheiden ausnimmt) von den Birdwatchern erspäht wird. Das reicht von den regelmäßig aus Grönland und Nordsibirien bei uns erscheinenden Ringelgänsen und Zwergstrandläufern, über nordamerikanische Gelbschenkel bis hin zu fernöstlichen Laubsängern und Ammern. Ganz zu schweigen von all den entflogenen Pelikanen, Flamingos, südamerikani-

schen, asiatischen oder afrikanischen Gänsen und Enten, den Papageien, Webervögeln und Glanzstaren.

Grundsätzlich muß auch in jedem Garten mit den ungewöhnlichsten Besuchern gerechnet werden. Doch abgesehen davon, daß man einen rosafarbenen Kakadu oder bunten Wellensittich wohl auch ohne Bestimmungsbuch einigermaßen einzuordnen weiß, ist die Wahrscheinlichkeit nicht sehr groß, dass am Gartenteich ein sibirischer oder nordamerikanischer Watvogel landet. Immerhin rief mich neulich ein am Ortsrand unseres oberbayerischen Dorfes lebender Bauer an, um zu melden, dass ein Rallenreiher (Heimat Südeuropa/Afrika) in seinem Zierteich Jagd auf die Goldfische mache. Und die Meldung erwies sich in jeder Hinsicht als zutreffend. Wer also jegliche Überraschung ausschließen will, sollte sich auch als Garten-Ornithologe gut mit Bestimmungsliteratur eindecken.

Doch gottlob (für den ängstlichen Anfänger) oder leider (für den Raritätenfan) ist die Artenvielfalt in unseren mitteleuropäischen Kleingärten ziemlich übersichtlich. Selbst von den im Folgenden vorgestellten Vogelarten werden kaum je alle in einem Garten erscheinen. Dafür mög-

licherweise die eine oder andere zusätzliche Art, besonders zu den Zugzeiten im Frühjahr und Herbst, wo Überraschungen mehr als sonst möglich sind. Wer es darauf absieht, eine möglichst lange Liste der in seinem Garten beobachteten Vogelarten zu präsentieren (der Wettbewerb tobt auf allen Gebieten), der mag auch die Arten aufzählen, die seine Heimstatt nur überfliegen. Auf diese Weise kann leicht ein Dutzend Arten mehr verbucht werden, vom Mäusebussard bis zur Ringeltaube, vom Kranich bis zur Graugans. Allerdings gehört das Bestimmen von Flugbildern schon zur höheren Wissenschaft.

Kopfplatte und Nacken des Bachstelzen-Männchens sind schwarz.

Bachstelze

➤ **Aussehen**

Diese munteren, schwarz-weißen Vögelchen mit dem langen, stets wippenden Schwanz, sind wohl allseits bekannt. Zu verwechseln sind sie allenfalls mit den beiden anderen bei uns vorkommenden Stelzen, der Gebirgs- und der Schafstelze, die aber beide in allen Kleidern unterseits mehr oder weniger gelb sind. Männchen mit schwarzem, Weibchen mit grauem Nacken, Junge ohne Schwarz am Kopf.

➤ **Verhalten**

Als reine Insektenfresser ziehen die meisten Bachstelzen in wärmere Gegenden, wenn es friert und schneit. An Gewässerufern finden Einzelne aber auch dann noch ihr Auskommen, wenn die Gewässer vereist sind. Bachstelzen gehören also zu den Teilziehern. Ihr heller Ruf ist ein ein- bis zweisilbiges »zip, zilip«, der Gesang des Männchens ein wenig strukturiertes Gezwitscher auf der Grundlage des Rufes.

➤ **Vorkommen**

Die eigentliche »Bach«stelze ist die Gebirgsstelze, die ausschließlich an Bächen brütet. Die schwarz-weiße Bachstelze weiß zwar auch Gewässerufer zu schätzen, brütet aber überall, auch fernab jeden Gewässers, etwa in Feldscheunen und Schuppen, unter Dächern, in Holzstößen und Reisighaufen, in Mauerlücken und Böschungen. Sie gehört zu den Halbhöhlenbrütern. Steinstelze wäre die bessere Bezeichnung, da sie vor allem an Gebäuden, Brücken und steinigen Ufern zu finden ist. Ihre Nahrung suchen Bachstelzen auf Dächern ebenso wie auf kurzen Rasen, auf Äckern ebenso wie an Ufern. In den Garten kommen sie am liebsten kurz nach dem Rasenmähen.

➤ **Brutverhalten**

Ende April, Anfang Mai wird das Nest aus trockenen Pflanzenfasern gebaut, das innen mit Haaren und Federn gepolstert ist. Die 3–6 hellgrauen, dunkel gefleckten Eier werden von beiden Partnern 11–16 Tage bebrütet. Auch an der Fütterung der Jungen beteiligen sich Vater und Mutter, so dass sie bereits nach 13–14 Tagen flügge sind.

➤ **Nahrung**

Kleine Mücken und Fliegen sowie andere Insekten; außerdem Springschwänze, Flohkrebse und kleine Fischchen.

➤ **Hilfen**

Die genannten Niststandorte zeigen schon, womit man wohnungssuchenden Bachstelzen helfen kann, mit Stein- und Holzhaufen, Nischen in Gebäuden usw. Außerdem kann man ihnen die Halbhöhlen anbieten, die man auch für Hausrotschwanz und Grauschnäpper verwendet (S. 37).
Früh an den Brutplatz zurückkehrende Männchen nehmen gerne Haferflocken und anderes Weichfresserfutter, wenn man es ihnen offen auf die Terrasse streut.

Hecken-braunelle

> ➤ **Aussehen**

Sie sind spatzenhaft unscheinbar gefärbt, unten grau, oben braun mit Schwarz. So genau bekommt man sie aber selten zu sehen. Meist nimmt man bloß ein düster im Geäst dahinhuschendes Vögelchen wahr, auf das man durch den Gesang aufmerksam wurde. Kleider der Geschlechter gleich.

> ➤ **Verhalten**

Der etwas quietschende Gesang erinnert ein wenig an den des Zaunkönigs, ist aber weniger eilig und lässt den typischen Triller des Zaunkönigs vermissen. In der Morgendämmerung tragen die Männchen ihren Gesang auch gerne von hoher Warte aus vor. Die meiste Zeit verbringen sie aber im dichten Geäst. Ohne ihren Gesang würde man sie glatt übersehen.

> ➤ **Vorkommen**

Wälder mit dichtem Unterholz sind ihnen am liebsten, auch oder gerade wenn sie aus Nadelbäumen bestehen. Besonders im Nordwesten Mitteleuropas, wo es nicht so ausgedehnte Wälder gibt, besiedeln Heckenbraunellen zunehmend auch Hecken (wie ihr Name sagt) sowie Feldgehölze, Parks und Gärten.

> ➤ **Brutverhalten**

Bei Heckenbraunellen herrscht Gleichberechtigung. Zumindest in Gegenden, wo sie im Winter nicht abwandern, haben auch die Weibchen ein eigenes Revier. Außerdem gibt es nicht nur Männchen mit Harem, sondern auch Weibchen mit mehreren festen Liebhabern, was in unserer Vogelwelt ziemlich ungewöhnlich ist.

Das Nest wird höchstens mannshoch und bevorzugt in immergrüne Vegetation gebaut. Das Gelege besteht aus 4–6 türkisblauen Eiern und wird 11–13 Tage nur von der Mutter bebrütet. An der Fütterung der Jungen beteiligen sich beide (oder alle) Partner. Nach etwa 13 Tagen verlassen die Jungen das Nest.

> ➤ **Nahrung**

Sie gehören zu den anpassungsfähigeren Insektenfressern, wie Bachstelze, Rotkehlchen, Zaunkönig und Star, die spät wegziehen (teilweise auch gar nicht) und früh im März zurückkehren und zur Not auch auf vegetarische Kost zurückgreifen. Hauptsächlich ernähren sie sich aber von Kleininsekten, die sie im dichten Geäst oder am Boden suchen.

> ➤ **Hilfen**

Ähnlich wie Amseln, Singdrosseln und manch andere Waldbewohner haben auch Heckenbraunellen in Mitteleuropa die Vorzüge der Gärten entdeckt. Sie brüten gerne in Nadelbäumen; eine einsame Konifere im Garten wird allerdings kaum ausreichen, sie als Brutvogel zu gewinnen. Reisighaufen und dichter Unterwuchs sind Voraussetzung für diese etwas lichtscheue Art. Vom Kälteeinbruch überraschten Frühheimkehrern kann man mit Weichfresserfutter, Haferflocken und kleinen Sämereien beistehen.

Zaunkönig

> **Aussehen**

Wie ein winziger brauner Kobold huscht er meist in Bodennähe durch die Vegetation. Manchmal kann man ihn sogar mit einer Maus verwechseln, wenn er in Erdlöchern verschwindet und wieder erscheint. Ausnahmsweise sind bei Zaunkönigs die Männchen genauso schlichtbraun gefärbt wie die Weibchen – immerhin ist auch bei ihnen der Gesang allein dem männlichen Geschlecht vorbehalten.

> **Verhalten**

Nie bleibt ein Zaunkönig lange an einem Fleck, etwa um sein metallisches Schimpfen oder seine ungewöhnlich laut schmetternde Strophe mit dem typischen Triller hören zu lassen. Zu seiner kecken, unruhigen Art gehört auch das Schwanzstelzen. Obwohl ihre Flügel klein und

rund sind, wandern die Zaunkönige kälterer Regionen im Herbst und Frühjahr etliche hundert bis tausend Kilometer weit. Bei uns halten sie aber meist aus und übernachten in kalten Winternächten oft zu mehreren in einer Baumhöhle oder einem Nistkasten.

> **Vorkommen**

Unterholzreiche Laub- und Mischwälder, Ufergebüsche von Bächen und Flüssen, Parks und Gärten mit bodennaher Deckung sind die bevorzugten Lebensräume. Wo der Boden zu trocken ist, fühlt sich der Zaunkönig nicht wohl. Besonders schätzt er feuchte Böschungen und die Wurzelteller umgestürzter Bäume.

> **Brutverhalten**

Das Männchen verteidigt lautstark sein Revier gegen Rivalen und baut oft mehrere der typisch halbkugeligen Moosnester mit seitlichem Eingang. Mit Gesang

und eitlem Gebaren versucht es sodann Weibchen anzulocken; besonders Eifrige betreuen gleich mehrere Damen. Ende März, Anfang April sucht sich das Weibchen eins der angebotenen Nester aus, polstert es innen weich mit Haaren und Federn und legt Ende April, Anfang Mai seine 5–7 rötlich oder bräunlich gefleckten Eier. 13–15 Tage brütet die Mutter allein, während der Vater mit Gesang das Revier absichert. Immerhin beteiligt er sich bei der Fütterung der Nachkommenschaft. Im Alter von 15–19 Tagen sind die Jungen flügge. Eine zweite Brut schließt meistens gleich an.

> **Nahrung**

Ihre Nahrung suchen Zaunkönige meist am Boden oder im niedrigen Gestrüpp. Sie besteht aus kleinen Bodentieren, Spinnen, Insekten und deren Larven. Im Winter kommen notfalls auch kleine Sämereien auf die Speisekarte.

> **Hilfen**

Reisighaufen im Schatten, Natursteinmauern mit vielen Lücken und dichtes Gestrüpp in Bodennähe – wenn Sie das in Ihrem Garten bieten können, dann stellt sich mit einiger Wahrscheinlichkeit auch eine Zaunkönigfamilie ein. Ein bodennaher, halboffener, nicht zu tiefer Nistkasten kann die Attraktivität eines Gartens steigern.

Überwinternden Zaunkönigen kann man mit Weichfresserfutter an nicht zu offenen Bodenstellen das Leben erleichtern.

*R*otkehlchen

> **Aussehen**

Man möchte meinen, das Rotkehlchen sei allgemein bekannt und kaum zu verwechseln. Es ist aber schon vorgekommen, dass die Männchen von Buchfink oder Gartenrotschwanz (und vielleicht auch von Hänfling und Gimpel?) für Rotkehlchen gehalten wurden, weil sie halt auch eine rote Brust haben. Das zeigt, wie wichtig es ist, auch auf Gestalt, Verhalten und Vorkommen zu achten. Im Übrigen sehen Männchen und Weibchen gleich aus, wogegen die Jungvögel ein schuppig-hellbraunes Federkleid tragen.

> **Verhalten**

Es sind nicht nur die großen schwarzen Augen des Dämmerungsvogels, die die meisten Menschen beim Anblick eines Rotkehlchens in Entzücken versetzten. Auch die rundliche Gestalt, die aufrechte Haltung, die ruhige und doch muntere Wesensart und vor allem Gesang und Zutraulichkeit machen Rotkehlchen so beliebt. Der Gesang ist schüchtern stotternd, aber glasklar.

> **Vorkommen**

Unterholzreiche Wälder und Waldränder, Feldgehölze, Hecken, Gärten und Parks sind die Lebensräume des Rotkehlchens. Der Boden sollte möglichst feucht und humusreich sein,

weswegen Wassernähe bevorzugt wird.

> **Brutverhalten**

In Mitteleuropa sind Rotkehlchen Teilzieher; in raueren Lagen wandern sie ab, kehren aber früh wieder zurück. Die Partner treffen sich im Februar/März am Brutplatz, und das Weibchen beginnt bald mit dem Bau des Nestes. Der Neststandort ist sehr variabel, immer aber in Bodennähe und möglichst in einer Höhlung. Im Garten werden gerne Reisighaufen,

Holzstöße, Kletterpflanzen an Mauern oder tief hängende Halbhöhlennistkästen als Standort gewählt. Die 4–6 Eier sind auf gelblichem Grund rötlichbraun gefleckt und werden 12–15 Tage nur vom Weibchen bebrütet.
An der Fütterung beteiligen sich Männchen und Weibchen. Nach 13–15 Tagen fliegen die Jungen aus, werden aber noch bis zu 2 Wochen außerhalb des Nestes gefüttert. Meist schließt eine zweite Brut an.

> **Nahrung**

Kleinere Insekten und deren Larven (die Jungen werden hauptsächlich mit Raupen gefüttert), Bodentiere wie Asseln, Tausendfüßer und kleine Würmer. Im Winter auch vegetarische Nahrung.

> **Hilfen**

1 Schaffen Sie dichtes Gebüsch.
2 Lassen Sie im Herbst unter Hecken, Gebüsch und Bäumen alles Laub liegen.
3 Reisighaufen, Natursteinmauern mit vielen Zwischenräumen und Holzstöße sind ideale Nistplätze; niedrig hängende Halbhöhlenkästen werden auch gerne bezogen.
4 Dulden Sie keine Katzen im Garten.
5 Streuen Sie im Winter Weichfresserfutter, kleine Sämereien, Haferflocken an geschützter Stelle auf ihre Terrasse.

Das dunkle Männchen des Hausrotschwanzes (Weibchen siehe S. 34).

Haus- und Gartenrotschwanz

➤ Aussehen

»Rotschwänzchen« kennt fast jeder, doch der Unterschied zwischen Haus- und Gartenrotschwanz ist vielen unklar. Dabei sehen sich zumindest die Männchen der beiden Arten gar nicht ähnlich: Der Hausrotschwanz ist bis auf den rostroten Schwanz ganz schwarz und dunkelgrau, ältere Männchen haben ein weißes Flügelfeld. Die Männchen vom Gartenrotschwanz sind hingegen nur im Gesicht und am Hals schwarz, oberseits grau und weiß an der Stirn; Brust und Bauch dagegen sind bei ihnen leuchtend orangerot. Schwieriger ist die Unterscheidung der Weibchen und Jungvögel; allgemeine Tendenz: dunkler und grauer sind die Hausrotschwänze, heller und rötlicher die viel selteneren Verwandten.

➤ Verhalten

Der recht häufige und weit verbreitete Hausrotschwanz gehört zu den Teilziehern, die spät wegziehen und früh zurückkehren oder gleich hier bleiben. Der Gesang des Männchens (vom Dachfirst im ersten Morgen-grauen) klingt gepresst und knirschend. Der selten gewordene Gartenrotschwanz kehrt erst 4–6 Wochen nach den Hausrotschwänzen aus dem Süden zurück und muss sich dann eine natürliche Bruthöhle oder einen Nistkasten suchen – sofern sie nicht schon von Meisen, Kleibern oder Trauerschnäppern besetzt sind. Sein Gesang ist so lieblich, dass er in vielen Filmen als Stimmungsmacher verwendet wird.

➤ Vorkommen

Hausrotschwänze besiedeln alle Landschaften, in denen Gebäude oder Felsen vorkommen: von Hochhäusern bis zu Feldscheunen, von den Küsten bis ins hohe Gebirge. Der Gartenrotschwanz ist viel anspruchsvoller, er liebt alte, nicht zu aufgeräumte Gärten mit hohen Bäumen, Friedhöfe und Parks mit Unterholz und Freiflächen.

➤ Brutverhalten

Hausrotschwänze sind Halbhöhlenbrüter, die ihr Nest gerne auf Dachbalken, in Mauernischen und in Scheunen bauen. Das Weibchen bebrütet die 4–6 weißen Eier 12–17 Tage lang. Nach weiteren 12–19 Tagen verlassen die Jungen das Nest, werden aber noch 9–10 Tage gefüttert. Gartenrotschwänze brüten in natürlichen oder künstlichen Höhlen mit nicht zu kleinem Eingang, gelegentlich auch auf Dachbalken in Mauernischen oder sogar frei im Geäst. Die 6–7 grünlichblauen Eier werden

Das recht helle Weibchen des Gartenrotschwanzes.

ausschließlich vom Weibchen 12–14 Tage bebrütet; nach etwa der gleichen Zeit sind die Jungen flügge und 7–8 Tage später selbständig.

➤ **Nahrung**

Beide Arten sind Insektenfresser, wissen aber auch Beeren zu schätzen.

➤ **Hilfen**

Für den Hausrotschwanz kann man Halbhöhlenkästen (S. 37) an der Hauswand befestigen oder einen Dachbalken mit einem Seitenbrettchen attraktiver machen. Frühheimkehrern, die bei Kälte und Schnee in Not geraten können, sollte man mit Weichfresserfutter helfen. Dem spät heimkehrenden Gartenrotschwanz sollte man einen Nistkasten reservieren.

Das bunte Gartenrotschwanz-Männchen.

Die männliche Amsel ist fast schwarz, Schnabel und Augenring sind orangegelb. Das Weibchen ist dunkelbraun (siehe S. 41).

Amsel

➤ **Merkmale**

Endlich haben wir einen Vogel, den nun wirklich jedes Kind kennt: die schwarze Amsel mit dem gelben Schnabel! Aber hüpfen da nicht auch merkwürdig braune Vögel auf der Rasenfläche herum? Sind das nun andere Drosseln (falsch) oder Weibchen und Jungvögel (richtig)? Tatsächlich sind die Kleider der Amseln im Lauf des Jahres ziemlich verschieden. Nie haben sie aber eine so deutliche dunkle Fleckung auf heller Brust und Unterseite wie andere Drosseln; sie sind bei weitem die dunkelsten unserer Drosseln, auch wenn sie nicht immer so pechschwarz sind wie die alten Männchen.

Sollten einmal Drosseln mit deutlich gefleckter Brust auf Ihrem Rasen erscheinen, so wird es sich mit großer Wahrscheinlichkeit um **Singdrosseln** oder **Wacholderdrosseln** handeln. Und die sind leicht zu unterscheiden: Die Singdrossel ist oberseits einfarbig hell erdbraun, die Wacholderdrossel dagegen hat einen schwarzen Schwanz und ist grau an Kopf, Nacken und Bürzel und dunkelbraun an Flügeln und Rücken. Beide Arten brüten übrigens auch zunehmend in Gärten. Während Singdrosseln im Winter meist verreisen, trifft man Wacholderdrosseln oft in Scharen an Fallobst und in Beerensträuchern.

➤ **Verhalten**

Auch wenn viele Menschen ihn (wie alles Häufige) nicht mehr so recht würdigen: Der Gesang der Amsel gehört zu den wohltönendsten, abwechslungsreichsten Gesängen unserer Breiten. Freilich fällt auch bei ihnen kein Meistersinger vom Himmel. Junge Männchen tragen oft recht stereotype kurze Strophen vor, die sie endlos wiederholen. Aber lauschen Sie einmal aufmerksam einem versierten Sänger! Da steckt echte Musikalität dahinter! Ein Gesang nach allen Regeln der Kunst, mal innig, mal fortissimo, mit Kunstpausen und Crescendi, mit eingeflochtenen Imitationen und träumerischen Schnörkeln. Dass die schwarzen Burschen außerdem ein bisschen streitsüchtig sind und abends oft in ein hysterisches Gezeter ausbrechen, kann man ihnen deshalb wohl verzeihen.

➤ **Vorkommen**

Amseln sind eigentlich Waldvögel. Dass sie auch die Dörfer und Städte mit ihren Gärten und Grünanlagen zu ihrem Lebensraum erkoren haben, ist noch gar nicht so lange her. Inzwischen brüten sie hier längst nicht mehr nur auf Bäumen, sondern an Gebäuden, auf Straßenlampen und an anderen erstaunlichen Plätzen. Die Waldamseln gibt es nach wie vor. Sie sind deutlich scheuer und viele von ihnen ziehen im Herbst in wärmere, nahrungsreichere Gegenden, während die meisten Stadtamseln auch im Winter ihr Auskommen finden, vor allem wo gefüttert wird.

➤ Brutverhalten

Oft schon im Januar/Februar lassen an warmen Tagen Amseln ihren ersten, noch etwas zaghaften Gesang hören. Spätestens im März ist es dann auch mit der winterlichen Toleranz vorbei, und es beginnen allerlei Kämpfe, an denen sich manchmal sogar die Weibchen beteiligen. Schließlich findet jedes Paar sein Revier und seinen Nistplatz, und in wenigen Tagen hat das Weibchen das Nest fertig. Die tiefe Nestmulde wird mit feuchter Erde glatt ausgestrichen, bevor die letzte Schicht aus feinen Fasern eingebracht wird. Die 4–6 Eier tragen auf grünem Grund eine bräunliche Zeichnung. 11–16 Tage bebrütet das Weibchen sein Gelege. 12–19 Tage werden die Jungen von beiden Eltern im Nest und anschließend noch bis zu 10 Tage nach dem Ausfliegen gefüttert. Oft noch bevor die Jungen ganz selbständig sind, beginnt das Weibchen ein neues Nest zu bauen und die nächste Brut aufzuziehen. Manche Amselmütter schaffen sogar noch eine dritte Brut und erreichen so bis zu 20 Junge im Jahr.

➤ Nahrung

Wie alle Drosseln sind auch die Amseln auf die Nahrungssuche am Boden spezialisiert. Am liebsten suchen sie in kurzer Vegetation nach Regenwürmern, die sie mit trillerndem Fuß aus ihren Gängen treiben. Wenn im Sommer und Herbst die Beeren reifen, machen sie davon reichlich

Gebrauch. Besonders die kleinen Früchte der Felsenbirne und ab Juli die roten Beeren der Vogelbeere schmecken ihnen. Zum Leidwesen vieler Gärtner teilen sie aber auch unseren Geschmack, was Kirschen, Johannisbeeren und weiches Kernobst anlangt. Im Winter sind alle Drosseln ganz wild auf frostweiche Äpfel und Birnen.

➤ Hilfen

Amseln sind Lebenskünstler, die sich die Weltherrschaft des Menschen zu Nutze zu machen wissen; man muss sie nicht besonders fördern. Aber naturnahe Gärten mit alten Laubbäumen und Gebüschen, unter denen das Falllaub verrotten darf, nützen uns und den Amseln (und Singdrosseln). Und zarte Haferflocken (ohne Katzen) lassen sie noch zutraulicher werden.

Immer wieder werden junge Amseln aufgegriffen, die schon das Nest verlassen haben, bevor

Wacholderdrossel.

sie richtig fliegen können. Das ist ganz normal. Wie in all solchen Fällen sollte man die Jungen am gleichen Ort auf einen erhöhten, möglichst katzensicheren Platz setzen, wo sie von den Eltern weiter gefüttert werden können. Sollten die Eltern selbst das Opfer von Katzen oder Autos geworden sein, können Sie in einem Anglergeschäft Mehlwürmer oder im Supermarkt Hackfleisch kaufen und damit die kleinen Schreihälse päppeln bis sie selbständig sind, was höchstens nach 2 Wochen der Fall sein sollte.

Singdrosseln sind an Brust und Bauch stark gefleckt.

*G*elbspötter

> **Aussehen**

Ein recht unscheinbarer kleiner Vogel ist der Gelbspötter und nicht so gelb, wie sein Name vermuten lässt. Oberseits ist er olivgrün mit dunkleren Flügeln, und die Unterseite ist nur verwaschen gelblich oder gar nur schmutzig beigeweiß. Man kann ihn durchaus mit Zilpzalp (S. 69) oder Fitis verwechseln.

> **Verhalten**

Von seinem Afrika-Urlaub kehrt er erst relativ spät, nämlich im Mai zurück, zieht dann allerdings bald die Aufmerksamkeit durch seinen kräftigen Gesang auf sich. Die Bezeichnung Spötter ist durchaus zutreffend, denn man kann in seinem abwechslungsreichen Lied die Stimmen einer ganzen Reihe anderer Vögel erkennen – und derlei Nachahmungen nennt man bei Vögeln spotten. Typisch für ihn ist aber sein schneller, dreisilbiger Ruf »te-te-üit«, den er samt einem ebenfalls kennzeichnenden nasalen »giiäh« auch in seinen Gesang einbaut. Bereits im August verlassen uns die Gelbspötter wieder und ziehen in Richtung Süden.

> **Vorkommen**

Laubwälder und kleinere Gehölze mit dichtem Unterholz sowie ähnlich strukturierte Friedhöfe, Parks und Gärten.

> **Brutverhalten**

Das dicht gewobene Nest wird in höheren Sträuchern (Holunder, Flieder) oder Laubbäumen (Hainbuchen, Weiden) in höchstens 3 m Höhe angelegt. Die 4–5 Eier sind hell rosarot mit schwarzen Punkten. Das Weibchen brütet alleine, und nach 12–14 Tagen schlüpfen die Jungen. An der Fütterung beteiligt sich auch der Vater, was sich negativ auf seine Gesangsaktivitäten auswirkt. Nach 13–15 Tagen können die Jungen das Nest verlassen.

> **Nahrung**

Hauptsächlich Insekten, deren Larven (Raupen) und Spinnen, im August auch Beeren.

> **Hilfen**

Diesen trefflichen Sänger können wir nur mit entsprechender Gehölzvegetation (Bäume mit Unterholz) in unsere Gärten locken, und dafür sind eine gewisse Größe und ein gewisses Alter des Gartens schon erforderlich – oder eine entsprechende Nachbarschaft.

Durch geschicktes Zurechtschneiden von Ästen lassen sich Quirle schaffen, die nicht nur dem Gelbspötter den Nestbau erleichtern (s. S. 47).

Zilpzalp

> **Aussehen**

Wenn schon der Gelbspötter als unscheinbar bezeichnet werden musste, so erst recht der Zilpzalp, der rundherum nur grünlich-gräulich ist, oberseits etwas dunkler als unterseits. Zu allem Unglück sieht er auch noch dem Fitis zum Verwechseln ähnlich, der allenfalls eine Spur freundlich-gelblicher getönt ist. Zum Glück sind die beiden aber eifrige Sänger und Rufer, und an ihren Stimmen kann man sie leicht erkennen (s. u.).

> **Verhalten**

Obwohl er sein Nest in Bodennähe baut, klettert er zur Nahrungssuche gern in den höchsten Baumwipfeln herum. Seine Spezialität ist es, kleine Insekten von den äußersten Zweigen abzulesen. Dabei lässt das Männchen den ganzen Tag über seinen ziemlich eintönigen, aber doch stimmungsvollen Gesang hören, ein namengebendes »zip-zap-zap-zip«, das sich anhört, als wollte er vergeblich einen bestimmten Ton treffen. (Der selten im Garten anzutreffende Fitis singt eine weiche, melancholisch abfallende Strophe.) Den Winter verbringen die Zipzalpe in Südeuropa und sind entsprechend früh wieder zurück, oft schon im Februar.

> **Vorkommen**

Ein sehr häufiger und weit verbreiteter Vogel, dessen Gesang man überall hört, wo Bäume mit Unterholz wachsen. Da das Revier eines Paares klein ist, besiedeln sie selbst isolierte, kleine Baumgruppen. Herumstreifende Zilzalpe kommen selbst in den kleinsten Vorgarten.

> **Brutverhalten**

Ab der zweiten Aprilhälfte bauen die Weibchen in bodennaher Vegetation ihr typisches »Backofennest« mit ovalem, seitlichen Eingang. Es besteht aus Moos und Pflanzenfasern und wird mit Federn gepolstert. Man hat gezählt, dass 1200–1500 Transportflüge nötig sind, um alles Material heranzuschaffen, und dass jedes Nest im Durchschnitt 200 Federn enthält. Die 4–6 schwarz auf Weiß gefleckten Eier werden 13–15 Tage vom Weibchen allein bebrütet. Auch sonst beteiligen sich die Väter nur wenig oder gar nicht an der Jungenaufzucht, die weitere 30–40 Tage dauert (davon 17–19 im Nest).

> **Nahrung**

Kleine, von den Zweigen abgesammelte Insekten und ihre Larven, im Herbst und Winter auch Beeren und im Frühjahr Nektar und Pollen.

> **Hilfen**

Hier gilt das beim Gelbspötter Gesagte: Nur mit viel Natürlichkeit und ein bisschen Verwilderung kann man es dahin bringen, dass vielleicht ein Paar Zilpzalpe in unserem Garten nistet. Voraussetzung für ein glückliches Familienleben: Weder Katze noch Hund dürfen im Garten sein.

Männchen der Mönchsgrasmücke (Weibchen S. 16).

Mönchs-grasmücke

➤ Aussehen

Wenn Sie einen grauen, schlanken Vogel mit einer schwarzen Kappe sehen, dann ist es mit ziemlicher Sicherheit eine männliche Mönchsgrasmücke. Zu Verwechslungen könnten allenfalls Sumpf- oder Weidenmeise (S. 76) Anlass geben, die aber beide zusätzlich einen schwarzen Latz tragen. Wenn Sie einen grauen Vogel mit brauner Kappe sehen, ist es mit Gewissheit eine weibliche Mönchsgrasmücke, denn diese Kombination gibt es in unserer Vogelwelt nur einmal.

➤ Verhalten

Obwohl Mönchsgrasmücken zu den Langstreckenziehern gehören, die den Winter in Afrika verbringen (neuerdings zunehmend auch in Großbritannien und Irland), kehren sie oft schon im März/April zurück, wenn es hierzulande noch schneien kann. Die fröhlich jubelnde Strophe der Männchen, die später ein so dominierendes Element im Frühjahrs- und Frühsommerkonzert unserer Gärten darstellt, verrät ihre Ankunft. So charakteristisch die typische Strophe auch sein mag, wenn benachbarte Mönche um die Wette singen, klingt das manchmal ganz anders. Dann wird ein anhaltendes Geschwätz daraus, dem oft die jubelnde Endphrase gänzlich fehlt.

➤ Vorkommen

Sie ziehen halbschattige Lagen sonnig-trockenen und Laubgehölze den Nadelgehölzen deutlich vor. Besonders beliebt sind immergrüne Blattgehölze wie Efeu, Lorbeer und Stechpalme. Ansonsten ist die Mönchsgrasmücke zweifellos die vielseitigste der europäischen Grasmücken, weshalb sie ja auch zum typischen Gartenvogel wurde. (Während die Gartengrasmücke kaum in Gärten, ja gewöhnlich nicht einmal in Siedlungsnähe anzutreffen ist.)

➤ Brutverhalten

Das lockere, flache, oft durchsichtige Halmnest wird meist in 1 m Höhe in einen Busch oder in ein Brennnesseldickicht gebaut. Ab Mitte Mai findet man darin die 4–5 bräunlichen, schwarz bekritzelten Eier, die von Vater und Mutter abwechselnd 10–16 Tage bebrütet werden. Ebenso lange brauchen die Jungen, bis sie das Nest verlassen können. Sie werden dann noch 2–3 Wochen von den Eltern betreut.

➤ Nahrung

Vielseitig wie ihre Lebensraumansprüche sind auch ihre Essgewohnheiten. Zur Brutzeit herrschen Insekten und ihre Larven, Spinnen und kleine Bodentiere vor. Kaum reifen aber die ersten Beeren (etwa die der Felsenbirne) machen diese Früchte einen großen Teil des Speiseplans aus, sogar die Jungen werden damit gefüttert. Im Frühjahr gehören die eiweiß- und zuckerreichen »Innereien« von Blüten zu den Leckerbissen.

➤ Hilfen

Wie bei den meisten Freibrütern und Zugvögeln können wir den Grasmücken nur durch eine naturnahe Gartengestaltung und -pflege entgegenkommen. Beerensträucher bieten Nahrung, Hecken, Gebüsche, Staudendickichte und Kletterpflanzen am Haus bieten Schutz.

➤ Andere Grasmücken-Arten

Mit der scharf gegen die Kopfzeichnung abgesetzten weißen Kehle unterscheidet sich die **Klapper-** oder **Zaungrasmücke** von der ziemlich einfarbig graubräunlichen **Gartengrasmücke**, ähnelt aber darin der selten gewordenen **Dorngrasmücke**, die insgesamt aber viel bräunlicher ist, vor allem im Flügel und an den Flanken, und eine rötlichbraune Iris hat.

Das beste Unterscheidungsmerkmal bei unseren Grasmücken ist aber der Gesang. Das Lied der Klappergrasmücke ist durch ein kurzes, hölzernes Klappern (etwa »dedededede«) sofort von allen anderen Gesängen zu unterscheiden. Allerdings bringt sie davor oft ein leises Geschwätz, das man mit dem viel kräftigeren Gesang der Gartengrasmücke verwechseln kann – bevor das Klappern ertönt. Das Lied der Gartengrasmücke ist fröhlich plätschernd und lang anhaltend. Der Gesang der Dorngrasmücke schließlich ist kurz, laut und rau zwitschernd und wird meist von

erhöhter Warte oder im Singflug vorgetragen (alle anderen Grasmücken singen eher aus verstecktem Dickicht). Ihr Warnruf ist ein typisches, nasales »wähd wähd wähd«.

Klappergrasmücken kommen selten in Gärten.

Grau-schnäpper

> **Aussehen**

Es würde einen nicht wundern, wenn so mancher Garten ein Grauschnäpper-Paar mitsamt Jungen beherbergt, ohne dass der glückliche Besitzer davon weiß. Denn dieser Vogel kompensiert sein mausgrau-schlichtes Kleid nicht wie so viele andere durch einen kräftigen und kennzeichnenden Gesang. Er ist auch in dieser Hinsicht äußerst unscheinbar. Beide Geschlechter tragen übrigens das gleiche schlichte Kleid.

> **Verhalten**

Alle Fliegenschnäpper (neben dem Grauen gibt es bei uns noch den schwarz-weißen Trauerschnäpper und den rotbrüstigen Zwergschnäpper) fallen durch eine charakteristische Art des Nahrungserwerbs auf: Von einer erhöhten Warte aus erspähen sie jedes vorbeifliegende Insekt und schnappen es sich im raschen Kurvenflug. Oft kehren sie auf den gleichen Platz zurück. Während Trauer- und Zwergschnäpper recht melodische Töne von sich geben, verfügt der Grauschnäpper nur über eine fast tonlose hohe Stimme. Ständig läßt er seinen Ruf, ein etwas gedehntes, rauhes »ziht« hören. Der Gesang ist eine kaum auffälligere Folge piepsender, rauher Töne ohne Schwung und Rhythmus.

> **Vorkommen**

Lichte Wälder, vor allem Waldränder und Lichtungen, Alleen, Obstgärten, Feldgehölze bis hin zu ziemlich verbauten Siedlungsbereichen. Den Winter verbringen die Vögel in Afrika und kehren frühestens Ende April wieder zurück.

> **Brutverhalten**

Die sehr brutortstreuen Vögel suchen sich am alten Ort einen geeigneten Nistplatz, wobei sie überdachte, halbhöhlenartige Stellen bevorzugen. Die 4–5 Eier sind auf grünlichem oder beigem Grund bräunlich und grau gefleckt. Das Weibchen übernimmt allein das Brutgeschäft. Nach 11–15 Tagen schlüpfen die Jungen, die bald in ähnlich hohen Tönen nach Futter betteln, wodurch sich auch der Vater angesprochen fühlt und bei der Fütterung mithilft. Nach 12–16 Tagen sind sie flügge.

> **Nahrung**

Fliegende Insekten bis zur Größe von Schmetterlingen, Hummeln und Junikäfern. Doch auch vom Boden wird Nahrung aufgesammelt, z.B. Heuschrecken und kleine Regenwürmer. Im Herbst können Beeren den Speiseplan bereichern.

> **Hilfen**

Ähnlich wie Bachstelzen und Hausrotschwänzen kann man den Grauschnäppern mit Halbhöhlen-Nistkästen (S.37) viel Sorge um einen guten Nestplatz abnehmen. Am liebsten haben sie ihn hoch an einer Wand, möglichst unterm Dach oder unter einem Balkon. Die Vögel sind nicht scheu und gewöhnen sich meist rasch an gefahrlose Störungen.

Blaumeise

> **Aussehen**

Als einzige Meise mit blauer Kappe, blauem Schwanz und blauen Flügeln kann man die Blaumeise kaum verwechseln. Bei den Jungvögeln sind die später blauen Gefiederstellen allerdings noch recht grau; sie unterscheiden sich von den ähnlichen jungen Kohlmeisen durch das Fehlen einer schwarzen Kopfplatte und durch den deutlich kürzeren Schnabel, der den Blaumeisen etwas Puppenhaftes verleiht.

> **Verhalten**

Wie die meisten Meisen klettern auch Blaumeisen sehr akrobatisch im dünnsten Geäst, Schilf und an Stauden herum, oft hängend oder kopfüber. Die Rufe und Gesänge der Meisen sind nicht leicht zu unterscheiden, da sie bei wenigen Tönen so vielseitig sind. Im silberhell klingelnden Gesang der Blaumeise ist ein trillerndes Schwirren charakteristisch: »psizi-sirrrr«.

> **Vorkommen**

Sie brüten in lichten Laubwäldern, Parks und Gärten, treiben sich außerhalb der Brutzeit (oft mit anderen Meisen) aber fast überall herum, besonders gern im Schilf. Ihre Nahrung suchen sie hauptsächlich in der Vegetation, von den höchsten Baumwipfeln bis nahe dem Boden. Auf den Boden selbst kommen sie aber nicht so häufig wie die Kohlmeisen.

> **Brutverhalten**

Blaumeisen sind Höhlenbrüter, die heute in Mitteleuropa vor allem in Nistkästen brüten. Die auf weißem Grund rötlich gefleckten Eier sind von anderen Meiseneiern nicht zu unterscheiden. Das Gelege besteht meist aus 9–11 Eiern. Manchmal findet man Gelege mit 18–24 Eiern, die dann aber wohl von zwei Weibchen stammen. Die Mutter brütet allein, wird während der 13–15 Tage aber vom Vater gefüttert. 19–21 Tage wachsen die Jungen im Nest heran und werden von beiden Eltern gefüttert. Nach dem Ausfliegen hält die Familie noch zwei Wochen oder länger zusammen. Gelegentlich folgt eine zweite Brut in einer anderen Höhle.

> **Nahrung**

Zur Brutzeit machen kleine Insekten (z.B. Blattläuse) den Hauptteil der Nahrung aus. Später kommen zahlreiche Sämereien dazu sowie Obst und Beeren, im Spätwinter auch Knospen. Im Frühjahr werden Blüten nach Nektar, Pollen und Insekten abgesucht, besonders beliebt sind Weidenblüten.

> **Hilfen**

Blaumeisen sind sehr auf Nistkästen angewiesen (S. 36). Da sie sich gegen Kohlmeisen und Kleiber kaum durchsetzen, sollte man mehrere Kästen aufhängen, wo der Garten von Größe und Gestaltung so ist, dass mehrere Vogelpaare ihr Auskommen finden.

Im Winter gehören Blaumeisen zu den eifrigen Besuchern der Futterhäuschen, wobei sie große Samen und Nüsse geschickt zwischen den Füßen halten und mit hackendem Schnabel öffnen und zerkleinern.

Kohlmeise

> **Aussehen**

Sie ist unsere häufigste und auffälligste Meise und überhaupt einer der häufigsten und verbrei-

tetsten Vögel in Mitteleuropa, zumal im Winter, wenn andere häufige Arten wie der Zilzalp uns verlassen. Und weil sie auch ohne Scheu sich in Gärten tummelt und sogar in Wohnungen

kommt, dürfte die Kohlmeise allgemein bekannt sein. Nicht jedermann bekannt ist freilich der kleine Unterschied zwischen Mann und Frau bei Kohlmeisens, der hiermit verraten sei:

Den Männern reicht der schwarze Bauchstreifen stets bis zum Schwanz und verbreitert sich sogar noch am Unterbauch. Bei den Damen nimmt die Farbkraft des Streifens nach hinten zu ab; auch das Gelb ihrer Unterseite ist weniger farbkräftig als beim Gemahl.

➤ Verhalten

Kohlmeisen gehören wie alle Meisen zu den großen Akrobaten. Doch sie können mehr als andere Meisen. So klettern und baumeln sie nicht nur kopfüber und kopfunter an den dünnsten Zweigen, klammern sich kleiberartig an grobrindige Stämme, sondern wenden auch geschickt wie Amseln und Rotkehlchen altes Laub am Boden, um darunter nach kleinen Tieren zu suchen. Geradezu genial sind sie im Erschließen »moderner« Nahrungsquellen: Sie wühlen in Abfallkörben, sammeln Brotkrumen von Schulhöfen, holen Reste aus Dosen, klauen Butter vom Frühstückstisch und öffnen die Stannioldeckel von Milchflaschen, um sich am Rahm zu laben.

Obwohl ihr hell klingelnder Gesang (lieblichster Frühlingsvorbote) nur aus zwei Tönen besteht, ist es erstaunlich, was sie durch unterschiedliche Reihung und veränderten Rhythmus alles daraus zu machen verstehen. Was die Schweizer als »züri-zitig« (Zürcher Zeitung) benennen, ist nur eine Variante von vielen. Ebenso vielfältig sind ihre Rufe.

Wer mit Liebe und Ausdauer die Lautäußerungen der Kohlmeisen im Zusammenhang mit ihren munteren Aktivitäten studiert (notiert), der wird bald die Bedeutung der verschiedenen Rufe herausfinden, die Meisensprache verstehen – wenigstens so gut uns das möglich ist. Versuchens Sie's doch einfach!

➤ Vorkommen

Lockere Mischwälder und jede andere Art von Baumgruppen sind ihr bevorzugter Lebensraum. Mit Nistkästen kann man sie aber auch in finstere Nadelwälder und das Innere von Städten locken. (Der Bruterfolg ist allerdings in solch »suboptimalen Habitaten« oft gering.) Außerhalb der Brutzeit trifft man Kohlmeisen oft mit anderen Meisen beinahe überall an, wo nur ein paar Zweige wachsen – manchmal sogar in ganz und gar künstlichen Umgebungen.

➤ Brutverhalten

Auf der Suche nach einer Nisthöhle verfallen Kohlmeisen oft auf die verrücktesten Ideen. Sie brüten in Röhren und Blechbüchsen, in alten Töpfen und Briefkästen, in Mauerritzen und unter Dachziegeln, in alten Nestern anderer Vögel – und wenn sie gar nichts Geeignetes finden, bauen sie ihr Nest sogar frei ins Geäst eines Baumes oder Busches. Am liebsten sind ihnen Spechthöhlen und Nistkästen. Innerhalb von 5–12 Tagen baut das Weibchen das Nest aus Moos und Haaren und legt dann

(oft schon im März) seine auf weißem Grund rötlich gefleckten 7–10 typischen Meiseneier. Dem Weibchen allein bleibt auch die Pflicht, die Eier 13–14 Tage schön warm zu halten und dann die nackten Jungen zu hudern. Immerhin füttert der Gemahl sie während dieser Zeit. Im Alter von 18–21 Tagen verlassen die Jungen das oft stark parasitierte Nest. Die Familie bleibt aber noch bis zu 3 Wochen zusammen, sofern nicht eine zweite Brut ansteht.

➤ Nahrung

Zur Brutzeit stehen Insekten, Spinnen und kleine Bodentiere hoch im Kurs, im Herbst und Winter auch oder überwiegend Sämereien, Früchte, Knospen und, wo es sich bietet, Fett.

➤ Hilfen

Keine Vogelart lässt sich mit Nistkästen so leicht in den Garten locken wie Kohlmeisen (S. 36). Auch von Körnern, Fett und anderen Leckereien winterlicher Fütterungen machen sie regsten Gebrauch. Manchmal hat man jedoch den Eindruck, man müsse nicht die Kohlmeisen fördern, sondern eher andere Vögel vor den Kohlmeisen schützen. Sie erscheinen uns dann als ein bisschen zu lebenstüchtig.

Sumpfmeise. Die ähnliche Weidenmeise hat einen viel ausgedehnteren schwarzen Latz.

Sumpf- und Tannenmeise

> **Aussehen**

Auf den ersten Blick haben diese beiden kleinen Meisen eine gewisse Ähnlichkeit: schwarz-weiße Kopfzeichnung, graue Oberseite, helle Unterseite. Auf den zweiten Blick erkennt man bei der Tannenmeise einen großen weißen Nackenfleck und zwei weiße Flügelbinden; der schwarze Latz ist nach unten stark verbreitert, der Bauch schmutzig-beige.
Bei der Sumpfmeise zieht sich die schwarze Kappe bis in den Nacken, der Latz ist klein, die Flügelbinden fehlen und die Unterseite ist schmutzig-weiß. Die der Sumpfmeise sehr ähnliche Weidenmeise kommt selten in Gärten.

> **Verhalten**

Zur Brutzeit kann man Sumpf- und Tannenmeise auch an Lebensraum (s. u.) und Stimme gut unterscheiden. Der Gesang der Tannenmeise besteht aus einem wetzenden »wietze-wietze-wietze...«, während das Lied der Sumpfmeise aus einer Folge einsilbiger Töne besteht, etwa »tjipp-tjipp-tjipp...« oder auch zweisilbig »pitji-pitji-pitji...«. Im Winter, wenn beide Arten ohne Gesang am Futterhaus erscheinen, muss man sich auf die oben genannten Unterschiede im Aussehen konzentrieren, wobei der weiße Nackenfleck der Tannenmeise ein sicheres und auffälliges Unterscheidungsmerkmal ist.

> **Vorkommen**

Tannenmeisen leben (wie der Name sagt) in Nadelwäldern oder Baumgruppen mit Koniferen, Sumpfmeisen in (feuchten) Laub- und Mischwäldern. Außerhalb der Brutzeit streifen allerdings alle Meisen umher und sind dann auch in anderen Lebensräumen anzutreffen. In Städten und Dörfern nehmen Tannenmeisen oft mit einigen wenigen Fichten oder anderen Nadelbäumen vorlieb, vorausgesetzt, die haben schon ein gewisses Alter erreicht. Da streifen sie

Tannenmeise mit dem charakteristischen weißen Nackenfleck (hier nur schwach erkennbar).

natürlich auch in Obst- und Zierbäumen herum, ebenso wie Sumpfmeisen auch im Geäst von Nadelbäumen herumturnen. Vorsicht ist also bei der Bestimmung im Garten durchaus geboten.

➤ Brutverhalten

Beide Arten brüten in Höhlen oder Nistkästen. Sumpfmeisen bevorzugen aber Naturhöhlen in Mauern, Felsen, Erdlöchern, Wurzeltellern, vor allem aber in ausgefaulten Stämmen und Ästen, die durch Picken und Zupfen ausgebaut werden. Die 7–9 auf weißem Grund rötlich gefleckten Eier gleichen anderen Meiseneiern; sie werden vom Weibchen 12–14 Tage bebrütet. Die Jungen werden von beiden Eltern 17–20 Tage im Nest und noch bis zu 15 Tage nach dem Ausfliegen gefüttert.

Die 8–9 Eier der Tannenmeise ähneln denen der Sumpfmeise und werden vom Weibchen 13–16 Tage bebrütet, die Jungen 18–21 Tage von Vater und Mutter gefüttert. Beide Meisenarten sind sehr standorttreu und brüten immer wieder im gleichen Revier.

➤ Nahrung

Beide Arten leben im Frühjahr und Sommer vorzugsweise von Insekten und Spinnen, die sie von den Zweigen ablesen. Ab Spätsommer spielen Sämereien von Stauden und Bäumen eine wichtige Rolle im Speiseplan. Im Winter gehören sie mit Kohl- und Blaumeise zu den treusten Besuchern am Futterhaus.

➤ Hilfen

Trockenmauern, Steinhaufen, morsche Äste bieten natürliche Nisthöhlen und mit ihrer Insektenwelt gleichzeitig Nahrung. Gerne werden aber auch Nistkästen mit engem Flugloch (26–28 mm) angenommen. Im Winter kommen beide Arten ans Futterhaus, wo sie es besonders auf kleine Sämereien abgesehen haben. Mit Geschick bearbeiten sie aber auch größere Samen und Erdnüsse.

Kleiber

➤ Aussehen

Wenn ein kleiner energischer Vogel mit blaugrauem Rücken und rostrotem Bauch in allen Positionen an Stämmen und Ästen herumklettert, so kann es nur der Kleiber sein. Der kräftige schwarze Augenstreif gibt ihm etwas Banditenhaftes. Dieser Eindruck ist aber ein rein menschlicher.

➤ Verhalten

Die Eigenschaft, kopfüber an Stämmen klettern zu können, wird ihm immer als Einzigartigkeit nachgesagt. Richtig ist, dass Kleiber fast immer schräg klettern, Spechte für gewöhnlich den Kopf oben behalten, aber ebenso wie Meisen und Baumläufer zumindest auch schräg nach unten klettern können.
Wie sein Aussehen an Banditen erinnert, so gleichen seine Pfiffe denen von Gassenjungen. (Wer hat sich schon danach umgedreht?) Darüber hinaus hat er ein rasches »wiwiwiwiwiwi...« und ein durchdringendes »piüpiü-piü...« im Repertoire.

➤ Vorkommen

Wie bei so vielen Gartenvögeln ist seine natürliche Heimat der Laub- und Mischwald, von dem aus er Parks, Alleen, Feldgehölze und Gärten besiedelt hat – obwohl er nicht gern über größere baumlose Strecken fliegt.

➤ Brutverhalten

Merkwürdig ist Frau Kleibers Vorliebe für die hübschen rötlichen Rindenplättchen der Kiefer als Nestunterlage. Denn, wie gesagt, Laubgehölze sind ihr eigentlicher Brotbaum. Doch für Kiefernrinde fliegen sie weit. Bezogen werden Spechthöhlen, ausgefaulte Baumhöhlen, Mauerlöcher und Nistkästen. Wenn Spechte die Zimmerer sind, dann sind Kleiber die Maurer. Sie verengen nämlich mit Lehm den Eingang der gefundenen Höhle auf Körpermaß; selbst das große Loch eines Entenbrutkastens haben sie schon ver»kleibt« – und scharfe Kanten und Ecken im Innern gleich dazu. Wenn das Weibchen nach 2–3 Wochen mit dem Hausbau fertig ist (der Mann vertreibt sich die Zeit mit Pfeifen), beginnt es 6–7 Eier zu legen, die mit ihrer rötlichen Fleckung auf weißem Grund die Verwandtschaft zu den Meisen verraten. Auch das Brüten über 15–19 Tage ist Frauensache. Erst beim Füttern der Jungen nimmt auch der Mann am Familienleben teil. Nach 24 Tagen fliegen die jungen Kleiber aus.

➤ Nahrung

Zur Brutzeit wird der hohe Eiweißgehalten von Insekten und Spinnen bevorzugt, ab Spätsommer überwiegen die Samen von Laub- und Nadelbäumen. Das ganze Jahr über neigen Kleiber zur Vorratshaltung, sogar Fleischvorräte werden in Ritzen und Spalten abgelegt und mit Moos oder Flechten getarnt.

➤ Hilfen

Kleiber sind große Verehrer von Nistkästen. Die Fluglochweite spielt für sie keine Rolle, solange sie nur groß genug ist.
Im Winter sind Kleiber regelmäßig an den Futterstellen, wo sie wenig Rücksicht auf andere Vögel nehmen und akrobatisch auch an hängendes Futter gehen.

Gartenbaum-läufer

> ➤ **Aussehen**

Die Oberseite des Baumläufers ist so raffiniert rindenfarbig, dass man den bewegungslosen Vogel nur schwer findet. Bewegungslos ist er allerdings selten, huscht vielmehr ständig an Stämmen und Ästen herum auf der Suche nach Insekten in den Rindenspalten, die er geschickt mit seinem gebogenen Schnabel absucht. Die Unterseite ist weißlich, der Schwanz mit den spitzen Stützfedern braun.

> ➤ **Verhalten**

Man hat errechnet, dass Baumläufer am Tag bis zu 200 Bäume nach Nahrung absuchen und dabei eine Kletterstrecke von 2–3 km zurücklegen. Meistens klettern sie in Spiralen den Stamm hoch und lassen sich dann kraftsparend zum Fuß des nächsten Baumes hinunterfallen. Der Gesang ist eine stotternde, undeutlich sechssilbige Strophe »tüt-tüt-titeroi-sri«, die nur 1 Sekunde dauert. Nur daran kann man den Gartenbaumläufer vom sehr ähnlich aussehenden Waldbaumläufer unterscheiden, dessen Gesang ein hohes, blaumeisenähnliches Gewisper von etwa 3 Sekunden Dauer ist.

> ➤ **Vorkommen**

Laub- und Mischwälder des Tieflandes mit viel alten Bäumen sind sein Lebensraum. Im Gegensatz zum Waldbaumläufer ist er aber nicht auf Wälder fixiert, sondern besiedelt alle möglichen Gehölze und weiß auch das Stadtleben zu schätzen. Buchen mit ihren glatten Rinden meidet er möglichst.

> ➤ **Brutverhalten**

Als Nestplatz wählen Baumläufer Ritzen in alten Stämmen, Zwischenräume in Holzstößen und Reisighaufen, oft aber Spalten hinter abstehender Rinde; sie brauchen entsprechend konstruierte Nistkästen (S. 42, 43). Beim Nestbau trägt das Männchen die Baustoffe herbei, die das Weibchen dann verbaut. Die 5–6 Eier sind den Meiseneiern ähnlich, also auf weißem Grund rötlich gefleckt. Das Gelege wird 13–15 Tage vom Weibchen bebrütet, die Jungen 17–19 Tage von beiden Eltern gefüttert.

> ➤ **Nahrung**

Kleine Insekten, ihre Larven und Spinnen werden von Stämmen und Ästen abgelesen. Im Winter kommen Gartenbaumläufer auch an Futterplätze, wo sie Fettfuttergemische bevorzugen.

> ➤ **Hilfen**

Die Nistkästen für Baumläufer sind so gebaut, dass die Vögel zwischen Stamm und Kasten hineinschlüpfen können. Es genügen aber auch künstlich angebrachte Borkentaschen.

Im Herbst tragen die neuen Federn des Kleingefieders weiße Spitzen, wodurch der Star zum »Perlstar« wird.

Star

➤ **Aussehen**

Aus der Entfernung erscheinen diese kaum amselgroßen Vögel in allen Kleidern irgendwie dunkelbräunlich. Aus der Nähe oder mit dem Fernglas sieht man, dass sie eine durchaus abwechslungsreiche und geschmackvolle Garderobe tragen: Die Frühjahrsmode setzt auf Glanz und grünvioletten Schimmer; die Herbstmode bevorzugt Perlmuster, hell auf dunklem Grund; die Jugend trägt praktisches Erdbraun. Übrigens kommt der Kleiderwechsel vom Herbst zum Frühjahr bei den Altvögeln nicht durch Gefiederwechsel (Mauser) zustande, sondern wie bei einer Reihe anderer Vögel durch Abnutzung der hellen Federränder.

➤ **Verhalten**

Zwei Verhaltensweisen des Stars erscheinen besonders bemerkenswert, das »Zirkeln« und das »Exerzieren«. Auf kurzem Rasen kann man sehen, wie der Star seinen Schnabel in den Boden steckt und ihn dann aufsperrt. Das sieht aus wie das Spreizen eines Zirkels – dient aber nicht der Landvermessung, sondern der Nahrungssuche. Gewiss hat jeder schon einmal einen der oft riesigen Starenschwärme beobachtet und dessen exakte Flugmanöver bewundert. Natürlich beherrschen Stare diese Kunst auch ohne zu exerzieren, was unserer Kasernenhofmentalität nicht so recht in den Kopf will. Wie Stare singen, dürfte allgemein bekannt sein. Dieses Quietschen, Schnarren, Knacken und Pfeifen ist auch kaum zu beschreiben.

➤ **Vorkommen**

Zwei Bedingungen stellt der Star an seinen Lebensraum: Große offene Flächen mit kurzer Vegetation und Nisthöhlen braucht er. Geschlossene Wälder scheiden daher aus dem einen Grund, baum- und gebäudelose Agrarlandschaften aus dem anderen Grund aus. Als anpassungsfähiger Zivilisationsfolger weiß der Star aber die menschengemachten Verhältnisse zu seinen Gunsten zu nutzen.

➤ Brutverhalten

Unsere Stare überwintern nicht sehr weit weg in West- und Südeuropa und gehören mit den Feldlerchen zu den ersten Heimkehrern. Bereits im März haben sie oft die besten Brutplätze besetzt und verkünden mit lautem Geschwätz ihre Besitzansprüche. Jede halbwegs größere Höhle dient als Kinderstube. In das ziemlich schlampig zusammengeworfene Nest legt die Stärin ihre 4–8 einfarbig hell grünlichblauen bis weißlichen Eier und läßt sich auch nicht die Federführung beim Brutgeschäft nehmen, das sich freilich mit 11–13 Tagen auch in relativ erträglichen Dimensionen hält. Dass die Mithilfe des Vaters beim Atzen der Jungen nötig ist, zeigt die Tatsache, dass bei Vielweiberei der Bruterfolg der Nebenfrauen deutlich geringer ist.

➤ Nahrung

Zur Brutzeit wird tierische Nahrung bevorzugt, hauptsächlich Bodentiere. Wenn die fetten Ameisenköniginnen schwärmen, werden Stare (mit Lachmöwen) aber auch zu Luftakrobaten. Im Sommer und Herbst folgt die Traubenkur, dann sind Beeren und andere Früchte die Hauptnahrung für Jung und Alt – sehr zum Leidwesen von Winzern und Obstbauern, die ihre Ernten oft nur im Schutz von Netzen vor dem Massenandrang der Stare bewahren können.

➤ Hilfen

Stare lassen sich mit entsprechend dimensionierten Nistkästen (S. 39) ziemlich leicht selbst in städtische Gärten locken, da sie auch weitere Nahrungsflüge nicht scheuen. Und zweifellos ist es unterhaltsam, ihnen beim Singen, Zirkeln, Raufen und Lieben zuzuschauen. Doch *ein* Kasten je Garten sollte sollte die Obergrenze sein. Oder wollen Sie am Ruin von Wein- und Obstbauern schuld sein?

Bis zum Frühjahr haben sich die weißen Federspitzen weitgehend abgestoßen, und das Gefieder weist einen schönen Glanz auf (»Glanzstar«).

Elster

➤ Aussehen

Aus der Entfernung erscheinen die langschwänzigen Vögel nur schwarz und weiß. Aus der Nähe erkennt man einen wunderschönen Blauglanz auf den Flügeln und einen grün-blau changierenden Schimmer der Schwanzfedern.

➤ Verhalten

Leider ist die Elster bei den meisten Garten- und Naturfreunden nicht beliebt. Dazu hat nicht nur die alte Geschichte von der »diebischen Elster« beigetragen (angeblich soll sie goldene und silberne Schätze in ihrem Nest horten), sondern die Tatsache, dass sie eine eher hässliche Stimme hat und vor allem gelegentlich Vogelnester ausräumt, was in der Tat unverzeihlich ist – zumindest aus menschlicher Sicht. Wer allerdings einmal das Vergnügen hatte, eine junge Elster handzahm aufzuziehen, dem werden diese intelligenten, lebhaften, stets zu spielerischem Unfug aufgelegten Vögel in ganz neuem Licht erscheinen.

➤ Vorkommen

Von lichten, buschreichen Wäldern bis hin zu offenen, nahezu baum- und strauchlosen Landschaften reicht das Spektrum natürlicher Lebensräume der Elster. In zunehmendem Maße haben die gescheiten Vögel aber entdeckt, dass es in Ortschaften keine Jäger gibt. Darum konzentrieren sich die Brutvorkommen heute vielfach in Wohn- und Industriegebieten.

➤ Brutverhalten

Von der Elster heißt es, sie trage an Weihnachten ihr erstes Reis zum Nestbau ein. Nun ja. Richtig ist, dass sich das Paar je nach Witterung oft schon früh im Jahr an ihrem in den noch kahlen Bäumen oder Büschen weithin sichtbaren Prachtbau zu schaffen macht. Als einziger größerer Vogel unserer Landschaften bauen Elstern nämlich ein Nest mit Dach, wodurch der Bau ungewöhnlich groß erscheint. Die Nestmulde ist verglichen damit recht klein, aber säuberlich mit Lehm ausgestrichen. Auf eine weiche Schicht aus Haaren und feinen Pflanzenfasern legt das Weibchen seine 5–7 auf grünlichem Grund braun gefleckten, typischen Krähenvogel-Eier. 17–18 Tage sitzt die Mutter auf dem Gelege und wird vom Gatten gefüttert. Die Jungen werden von beiden Eltern 22–27 Tage im Nest versorgt, bleiben nach dem Ausfliegen aber noch einige Wochen mit ihren Elsterneltern zusammen.

➤ Nahrung

Wie alle Krähenvögel sind Elstern in kulinarischer Hinsicht ebenso vielseitig wie wählerisch. Im Sommer sind Bodentiere die Hauptnahrung, mit der auch die Jungen gepäppelt werden. Durch die Vernichtung von Engerlingen, Maulwurfsgrillen, Larven der Wiesenschnake und Wühlmausjungen machen sich die Vögel durchaus nützlich. Der Nahrungsanteil an Jungvögeln und Gelegen ist gering und beschränkt sich in der Regel auf sehr häufige Arten. Im Herbst und Winter überwiegen Beeren, Körner und Früchte. Menschliche Abfälle sind das ganze Jahr über ein beliebtes Zubrot.

➤ Hilfen

Wenn Elstern nicht bejagt werden, finden sie schon den besten Standort für ihre Kinderwiege. Auch bei der Futtersuche brauchen wir den lebenstüchtigen Vögeln nicht behilflich zu sein.

Kernbeißer

> **Aussehen**

Ein fast starengroßer, stämmiger, dezent gefärbter Vogel mit klobigem Schnabel. Männchen und Weibchen sind ziemlich gleich gefärbt, nur dass die Weibchen insgesamt etwas mattere Farben tragen. Ein inneres und ein äußeres weißes Flügelfeld sind im Flug auffällig, während die weiße Flügelbinde beim ruhenden Vogel verdeckt sein kann. Unvekennbar ist der in unserer Vogelwelt einmalige dicke Schnabel, der beim Männchen grau, beim Weibchen hornfarben ist.

> **Verhalten**

Ähnlich wie der Gimpel ist der Kernbeißer ein stiller Vogel. Wie beim Gimpel ist auch bei Kernbeißern eine über die Brutzeit hinaus andauernde Ehe üblich, so dass man auch im Winter Mann und Frau zusammen sieht. Da Kernbeißer die meiste Zeit hoch in den Baumwipfeln agieren, muss man auf ihren charakteristischen Ruf, ein scharfes »zicks«, achten, wenn man sie aufspüren will. Der von hoher Warte bereits früh im Jahr vorgetragene Gesang der Männchen ist leise und wenig melodiös. Er besteht aus einer Aneinanderreihung »zickiger« Rufelemente, die manchmal mit einem melodischeren »zieh-öh« endet.

> **Vorkommen**

Die Vögel brüten – oft in klcinen Kolonien – in lichten Laub- und Mischwäldern mit viel Unterwuchs. Häufig besiedeln sie auch Feldgehölze, Parks und Gärten mit entsprechendem Baumbestand.

> **Brutverhalten**

Das Nest wird meist nah am Stamm und hoch in einer Pappel, Birke oder in einem hohen Obstbaum errichtet; wichtig ist Kernbeißern ein freier Anflug. Das ziemlich große Nest ist eher locker gebaut und steht auf einem Unterbau von sperrigen Ästchen. Das Gelege besteht aus 3–6 Eiern, die auf hellbläulichem bis grauem Grund dunkelbraun gefleckt und mit Schnörkeln und feinen Linien gezeichnet sind. 11–13 Tage wärmt das Weibchen die Eier und wird in dieser Zeit vom Gatten gefüttert. Die Jungen werden von beiden Eltern mit Raupen und vorgeweichten Samen versorgt. Nach 11–13 Tagen verlassen sie das Nest, sind aber erst einige Tage später voll flugfähig.

> **Nahrung**

Mit ihren enormen Schnäbeln machen Kernbeißer ihrem Namen alle Ehre und knacken selbst die harten Kerne von Kirschen und Kornelkirschen (versuchen Sie es!). Daneben bilden die Samen von Hain- und Rotbuchen, Ahornen, Traubenkirschen und auch von Koniferen die Grundlage des Menüs. Hinzu kommen im Spätwinter Knospen und Triebe von Laub- und Nadelhölzern sowie im Frühjahr Insekten und ihre Raupen.

> **Hilfen**

Ein brütendes Kernbeißerpaar im Garten dürfte wohl Glücksache sein – viel kann man dazu nicht tun. Auch ob die hübschen Vögel im Winter ans Futterhaus kommen, läßt sich bei diesen »Zigeunern« schwer voraussagen. Leider fliegen sie oft an Scheiben.

Feldsperlinge (Geschlechter gleich) sind am braunen Oberkopf und am dunklen Wangenfleck zu erkennen.

Haus- und Feldsperling

➤ **Aussehen**

Wie Spatzen aussehen, meint jeder zu wissen. Bei der genaueren Unterscheidung hört das Wissen aber meist schon auf. Und wer Haus- und Feldsperling nicht unterscheiden kann, der blamiert sich vielleicht auch, indem er Grünlinge und Rohrammern für Spatzen hält. Also: Männliche Haussperlinge tragen eine graue Kappe und einen schwarzen Latz, der zur Brutzeit ausgedehnt, im Winter klein und unauffällig ist. Ihre Damen sind von proletarischer Unscheinbarkeit, undefinierbar bräunlichgrau, nur von nahem oberseits hübsch gemustert. Feldsperlinge hinge-gen, bei denen sich Mann und Frau nicht unterscheiden, haben einen adretten sattbraunen Oberkopf und stets einen kräftigen schwarzen Schönheitsfleck auf der weißen Wange.

➤ **Verhalten**

Haussperlinge führen uns ungeniert ihr ganzes Liebes- und Familienleben vor. Das sollte man sich nicht entgehen lassen. Feldsperlinge sind da etwas dezenter. Im übrigen ist es recht interessant, das Familien- und Gesellschaftsleben der Spatzen zu beobachten. In dichten Hecken und Bäumen, aber auch an Ge-bäuden in Städten versammeln sie sich außerhalb der Brutzeit oft in großen bis riesigen Schlaf-gesellschaften. Dann ist des Tschilpens und Schwätzens kein Ende, man wird richtig neugierig, was sie sich alles zu erzählen haben. Bei der Nahrungssuche erweisen sie sich als so vielseitig wie sonst nur noch die Kohlmei-sen. Dem haben sie sicher ihre nahezu weltweite Verbreitung und ihre opportunistische Anpas-sungsfähigkeit an die mensch-liche Umgebung zu verdanken. Da sie Körner und Insekten glei-chermaßen schätzen, gehen sie ihrem Nahrungserwerb am Boden sowie im Gestrüpp und Geäst ebenso nach wie an Stämmen und Mauern kletternd oder luft-akrobatisch nach Fluginsekten haschend. Für eine gute Mahlzeit fliegen sie nachweislich bis zu 5 km weit. Als nahe Verwandte der in Gemeinschaftsnestern brü-tenden Webervögel bevorzugen sie es, in kleinen Kolonien von 10–20 Brutpaaren zu nisten.

Erwähnenswert ist vielleicht noch die Tatsache, dass Haussperlinge in Gefangenschaft bis zu 23 Jahre alt werden können, geradezu ein Methusalemalter für einen so kleinen Singvogel. Die ältesten freilebenden (beringten) Spatzen wurden immerhin mehr als 13 Jahre alt.

Dass die beiden Sperlingsarten zu den Singvögeln gehören, ist ihnen offenbar unbekannt. Jedenfalls kommen sie über ein nervtötendes Getschilpe nicht hinaus. Ihren Damen scheint es aber zu imponieren.

Beim Haussperling unterscheiden sich die Geschlechter deutlich. Das Männchen (oben) ist zur Brutzeit viel kräftiger gezeichnet als das ziemlich helle Weibchen (unten).

➤ Vorkommen

Der Haussperling trägt seinen Namen zu Recht. Er ist bei uns so vollständig zum Zivilisationsfolger geworden, dass man sich kaum noch vorstellen kann, wie er ohne den Menschen auskam. Doch dieser Weltbürger ist unglaublich anpassungsfähig. Auch der Feldsperling hat den passenden Namen. Neuerdings macht er jedoch dem Haussperling zunehmend in Ortschaften und Städten Konkurrenz, zumal seit die fehlenden Pferdeäpfel dem Haussperling das Stadtleben vermiesen.

➤ Brutverhalten

Der Haussperling nistet keineswegs nur unter Dachziegeln und in Höhlungen jeder Art, sondern auch frei in Gebäuden; sogar auf Bäumen baut er gelegentlich einen struppigen Kobel mit seitlichem Eingang – und beweist auch damit seine bereits erwähnte Verwandtschaft zu den We-

bervögeln. Das Innere seiner schlampigen Nester ist stets mit Federn mollig ausgestattet. Die 4–5 Eier sind weißlich mit dunkelbraunen Flecken und werden von beiden Eltern bebrütet, die auch gemeinsam die Jungen versorgen, die nach 12–18 Tagen ausfliegen. Das Familienleben des Feldsperlings ist ähnlich, mit dem Unterschied, dass er häufiger in Nistkästen brütet.

➤ Nahrung

Zur Brutzeit machen Insekten bis 30 Prozent der Nahrung auch der Eltern aus, sonst stehen Un-

krautsamen, Körner, Knospen, Triebe sowie menschliche Abfälle auf dem Speiseplan.

➤ Hilfen

Wer nicht zu geräuschempfindlich ist, mag sich mit Nistkästen oder Nischen unterm Dach ein oder zwei Spatzenfamilien ans Haus holen. Langweilig wird es einem auf Balkon oder Terrasse dann gewiss nicht mehr. Futter macht die Gassenbuben zutraulich bis zudringlich. Allerdings werden sie bei Änderungen des Gewohnten auch rasch wieder misstrauisch und scheu.

Das Buchfinken-Männchen ist ein farbenprächtiger Bursche.

Buchfink

➤ Aussehen

Ein Vogelbanause mag einen Buchfinkenmann wegen seiner roten Brust für ein Rotkehlchen halten. Wir hingegen erkennen bereits an der Schnabelform (kräftig, konisch), dass wir es nicht mit einem Insekten-, sondern mit einem Körnerfresser zu tun haben, also mit einem Vertreter der Finken, Ammern und Konsorten. Und überhaupt kennen wir diesen wohl häufigsten Vogel unseres Landes, ohne groß auf Einzelheiten, wie die weißen Flügelbinden und die adrette graue Frisur zu schauen. (Beim unscheinbar bräunlichen Weib-

chen und beim abfliegenden Vogel ist ein Blick auf die Flügelbinden jedoch recht nützlich – übrigens nicht nur für unsereinen, sondern auch für die Vögel selber.) Im Winter sollte man auf den nordischen Vetter, den Bergfink, achten, er hat einen weißen Bauch und eine orange Brust (s. S. 88).

➤ Verhalten

Die Wissenschaft gab ihm den Namen *Fringilla coelebs*, der Junggesellenfink. Tatsächlich zieht selbst heute noch, nachdem warme Winter und Vogelfütterungen das Leben soviel leichter gemacht haben, ein Großteil der Buchfinkinnen im Herbst in mildere Gefilde, ohne sich um die

mannhaft ausharrenden Gatten zu scheren. – Und wussten Sie, woher der Name Fink kommt? Vom Ruf unseres Vogels, der sich zwar eher wie »pink« anhört, was aber keinen ordentlichen Namen abgibt. Der Gesang des Buchfinkenmanns – tausendmal jeden Tag zu hören – ist eine schmetternde Strophe aus 5–6 absteigenden Tönen mit einem optimistischen »tswietsu« am Ende (trinkfreudige Menschen hören daraus die Werbung »würzgebier«). Der Finken-»schlag« und vor allem der Schlußschnörkel variieren von Ort zu Ort und von Region zu Region übrigens so deutlich, dass man regelrecht von Dialekten sprechen kann.

Das Buchfinken-Weibchen ist als solches vor allem an der dem Männchen sehr ähnlichen Flügelzeichnung erkennbar.

Neben seinem Gesang und dem ständig zu hörenden »pink« gibt es selbstverständlich weitere Ausdrücke in der Buchfinken-sprache. Am bekanntesten ist ein etwas heiseres »wrüt« oder »huid«, das man als Regenruf bezeichnet, weil es angeblich Regen ankündigt. (Meistens regnet es aber schon, wenn man es hört.)

➤ Vorkommen

Überall, wo es Bäume gibt, kann man den hübschen und stets munteren Vogel antreffen. Selbst im finstersten Fichtenforst und auf der einsamsten Linde im Großstadtgewühl.

➤ Brutverhalten

Das halbkugelige Nest zeugt vom handwerklichen Geschick der künftigen Mutter. Mit Moos und Spinnenweben wird es hoch auf einem Ast errichtet und außen so geschickt mit Flechten vom gleichen Baum getarnt, dass man es für einen Auswuchs des Astes halten kann. In der weich gepolsterten Nestmulde liegen Ende April 4–6 geschmackvoll auf rötlichgrauem bis bläulichen Grund purpurbraun gestrichelte und gefleckte Eier. Auch das Brüten erledigt die Buchfinkin allein. Nach 10–14 Tagen schlüpfen die Jungen, die nun von beiden Eltern gefüttert werden. Im Alter von 12–15 Tagen verlassen sie das eng gewordene Nest, bleiben aber noch 4 wei-tere Wochen mit den Eltern zusammen.

➤ Nahrung

Zur Brutzeit gibt es hauptsächlich eiweißreiche, fleischliche Kost: Insekten, Maden, Raupen und dergleichen Leckereien. Das übrige Jahr ernährt man sich vegetarisch von allen möglichen Samen und Körnern.

➤ Hilfen

Als Freibrüter kann man Buchfinken mit Nistkästen nicht locken. Ein kräftiger Laubbaum, notfalls auch ein Nadelbaum könnte verlockender sein. Selbst da, wo man sie den ganzen Winter durchgefüttert hat, kann man nicht sicher sein, dass sie zur Brut im Garten bleiben.

Bergfink

> **Aussehen**

Schade, dass wir diesen hübschen Vogel aus dem Norden meistens nur im Schlichtkleid zu sehen bekommen. Dann ist er nicht besonders auffällig, bei näherem Hinsehen aber immer noch recht attraktiv durch seine orangefarbene Brust und die ebenso gefärbten Schultern. Im Winter, wenn die Bergfinken oft in riesigen Schwärmen bei uns einfallen, sehen die Männchen den Weibchen so ähnlich, dass man sie nur schwer unterscheiden kann. Im Frühjahr werden ihr grau melierter Kopf und Rücken durch Abnutzung der hellen Federspitzen schön glänzend schwarz. Am leichtesten unterscheidet man Bergfinken vom nah verwandten Buchfinken durch ihren weißen Hinterrücken und Bürzel, die besonders beim Abfliegen aufleuchten.

> **Verhalten**

Wie der Buchfink sucht auch der Bergfink seine Nahrung am liebsten auf dem Boden. Wenn irgendwo Bucheckern zu finden sind, wimmelt es oft von Hunderten und Tausenden dieser Finken am Waldboden. Bei jeder Störung fliegen sie hoch in die Bäume. Wenn das Wetter im Spätwinter mild ist, lassen die Männchen auch schon mal probeweise ihren nicht sehr lauten und etwas monotonen Gesang hören, in dem ein rollendes »schrrü« dominiert. Charakteristisch ist der quäkend gedehnte Flugruf »djää«, auch leicht zweisilbig und etwas nach oben gezogen »djääi«. Im hüpfenden Davonfliegen lassen sie aber auch wie der Buchfink ein kurzes »jüpp« oder »tjek« hören.

> **Vorkommen**

Man findet sie scharenweise auf Äckern und in Buchenwäldern, manchmal mit anderen Finken und Ammern zusammen. Gerne kommen sie auch ans Futterhaus, wo sie keine große Scheu zeigen. Während in manchen Jahren riesige Schwärme (bis zu einer Million Vögel) den winterlichen Himmel verdunkeln können, bleiben sie in anderen Jahren ganz oder fast ganz aus.

> **Brutverhalten**

Da Bergfinken bei uns so gut wie nie brüten, ist es fast müßig, über ihr dem Buchfinken ähnliches, aber etwas weniger penibel gebautes Nest und die 4–8 denen des Buchfinken sehr ähnlichen bräunlichen Eier zu berichten. Auch Brut- und Nestlingszeit sind gleich.

> **Nahrung**

Am Brutplatz ernähren sich Bergfinken hauptsächlich von Käferlarven und Spannerraupen. Bei uns (und allgemein im Herbst und Winter) leben sie dagegen ausschließlich von Sämereien, vor allem von Bucheckern, Ahorn- und Fichtensamen und von Getreide auf abgeernteten Feldern.

> **Hilfen**

Alle Arten von Körnern, feinen Sämereien und zerstoßenen Erdnüssen sowie Fett werden sehr geschätzt, besonders als Bodenfütterung.

Girlitz

➤ **Aussehen**

Ein kleines gelb-grau-grünliches Vögelchen mit kurzem Schnäbelchen – alles ist irgendwie putzigpuppig an ihm. Freilich sieht man den Girlitz selten so nah. Meist wird man durch seinen hohen Zwitschergesang aufmerksam, und dann sieht man nur etwas Unscheinbares hoch oben auf einer Fernsehantenne oder Fichtenspitze. Das Weibchen ist gar noch unscheinbarer. Übrigens ist der Girlitz ein naher Verwandter des Kanarienvogels, der eigentlich Kanarengirlitz heißt.

Das Girlitz-Männchen ist etwas gelber als das Weibchen.

➤ **Verhalten**

Im östlichen und mittleren Europa bis zum Alpenrand ist der wärmeliebende Girlitz Zugvogel, der ab September verschwindet und ab Mitte März wieder erscheint. Schon in Nordwestdeutschland und an der Küste bleiben die Vögel den Winter über im Land und streifen in kleinen Trupps umher. Zur Nahrungssuche sind die Vögel oft am Boden oder an samentragenden Unkräutern. Der Gesang der Männchen hat wenig Ähnlichkeit mit der kraftvollen Stimme des Kanarienvogels. Es ist ein sehr hohes quietschend-klirrendes, lang anhaltendes Gezwitscher, oft auch im gaukelnden Singflug, ähnlich wie beim Grünling.

➤ **Vorkommen**

Offene, locker mit Bäumen und Gebüsch bestandene Landschaften mit Flächen niedriger oder schütterer Vegetation. Häufig in Ortschaften mit verstreut stehenden Nadelbäumen. Allgemein werden sommerwarme Gegenden bevorzugt.

➤ **Brutverhalten**

Das kleine, dicht gewobene Nest wird vom Weibchen in einen Nadelbaum, einen Dornstrauch oder eine Kletterpflanze am Haus gebaut und innen dick mit Federn, Haaren und Pflanzenwolle gepolstert. Die 3–5 Eier sind auf blassblauem Grund locker dunkelbraun gefleckt und werden von der Mutter allein 12–14 Tage bebrütet. Der Vater sorgt für die Verpflegung. Am Füttern der Jungen beteiligen sich beide Eltern. 14–16 Tage später sind die Kinder flügge.

➤ **Nahrung**

Was täten Girlitze ohne Unkräuter! Sie leben fast ausschließlich von deren oft noch unreifen Samen, die, im Kropf vorgeweicht, auch als Kindernahrung dienen. Einer von vielen Gründen, nicht ständig und überall alles abzumähen, eine teure und ökologisch bedauerliche Manie öffentlicher Pflegetrupps und vieler Gartenbesitzer. Im Frühjahr ernähren sich Girlitze von Knospen und Kätzchen.

➤ **Hilfen**

Wer einige dichte Gehölze in seinem Garten oder eine kräftige Kletterpflanze an seiner Hausmauer hat und Goldrute, Hirtentäschel, Wasserdost, Ampfer, Knöterich, Miere, Brennnesseln und Disteln da und dort toleriert, der hat gute Chancen, das Familienleben dieses ziemlich unbekannten Vögelchens aus nächster Nähe studieren zu können.

Der Erlenzeisig-Mann besitzt eine dunkle Kopfkappe.

Erlenzeisig

> **Aussehen**

Dieser Vogel in den Farben Grün, Gelb, Grau und Schwarz kann bei oberflächlicher Betrachtung mit dem Grünling verwechselt werden. Im Gegensatz zu erwachsenen Grünlingen sind Erlenzeisige aber immer oberseits und unterseits schwarz gestrichelt; nur junge Grünlinge zeigen eine ähnliche Musterung auf Brust und Bauch. Der Schnabel des Zeisigs ist viel spitzer. Während die Kopfkappe der Erlenzeisig-Dame unscheinbar grau ist, schmückt sich der Herr mit schwarzer Kappe und kleinem dunklen Latz.

> **Verhalten**

Sie sind sehr gesellige Vögel. Zumindest außerhalb der Brutzeit trifft man sie fast immer in ganzen Schwärmen an, die hüpfend dahinfliegen, zwitschernd in Baumwipfeln sitzen oder akrobatisch an den dünnen Zweigen von Birken und Erlen herumturnen. Im Winter kommen sie gern ans Futterhaus.

> **Vorkommen**

Zur Brutzeit verschwinden die Erlenzeisige in Nadelwäldern, wobei sie Bergwälder bevorzugen. Vereinzelt brüten sie aber auch in Gärten, wenn der nächste Fichtenwald nicht weit ist. Ab Ende August hört man dann wieder in offenen Landschaften mit Birken und Erlen und in Ortschaften ihren etwas traurigen Ruf, der so gar nicht zu ihrer lebhaften Art passt.

> **Brutverhalten**

Die Geselligkeit der Erlenzeisige reicht bis in die Brutzeit, so dass sich zumindest in samenreichen Jahren oft kleine Brutkolonien bilden. Das Nest steht hoch und gut versteckt auf den äußersten Ästen großer Fichten, Tannen oder Lärchen. Wie bei der Verwandtschaft sind die 3–6 Eier auf blassblauem Grund spärlich braun gefleckt. Die Mutter hält sie 11–14 Tage warm und wird dafür vom Gatten aus dem Kropf mit Fichtensamen versorgt. Auf die gleiche Weise atzen beide Eltern ihre Jungen, die nach 13–16 Tagen das Nest verlassen. Oft schließt sich eine zweite Brut an.

> **Nahrung**

Zur Brutzeit ganz überwiegend Fichtensamen, sonst Erlen- und Birkensamen, aber auch die Samen von Stauden, wie Mädesüß und Disteln. Im Frühjahr stehen Knospen, frische Triebe sowie Pollen und Nektar von Weidenkätzchen und zarte Blattläuse auf dem Speiseplan.

> **Hilfen**

Wenn es keinen Fichtenwald in der Nähe Ihres Gartens gibt, sind die Chancen gering, dass eine Erlenzeisigmutter ihr Nest in Ihren Garten baut. Im Winter aber lassen sich die Vögel mit unterschiedlichen Sämereien leicht ans Futterhaus locken.

Grünling

> **Aussehen**

Die Männchen sind wie gewöhnlich die Prächtigeren, mit gelben Flügelfeldern und Schwanzseiten. Dann ist es mit der Pracht aber auch schon vorbei, der Rest ist unscheinbar graugrün. Die Weibchen sind gar so unscheinbar, dass mancher sie für Spatzen hält (die aber niemals grünlich sind). Nein, verwechseln kann man Grünlinge viel eher mit Erlenzeisigen (S. 90) und Girlitzen (S. 89). Am besten achtet man daher auch auf die Stimmen.

> **Verhalten**

Als Vegetarier bleiben die meisten Grünlinge auch den Winter über im Lande, streifen dann aber gerne mit anderen Finken und Ammern in der Gegend herum. Seine Nahrung sucht der Grünling hauptsächlich am Boden, wenn er nicht gerade Knospen und Kätzchen in höheren Etagen zu sich nimmt. Im Winter ist er Stammgast am Futterhaus. Der häufig zu hörende Gesang ist abwechslungsreich und kräftig, manchmal wohltönend, manchmal klingelnd-klirrend. Oft tragen die Männchen ihn auch im Balz- oder Revierflug vor, wobei sie wie betrunken fliegen.

> **Vorkommen**

Offene Landschaften mit Bäumen und Baumgruppen und Flächen kurzer oder schütterer Vegetation, Parks und Gärten, bis ins Zentrum der Städte. Zur Nahrungssuche findet man sie an Bahndämmen und Wegrändern, auf Feldern und Industriebrachen; überall wo Wildstauden noch blühen und fruchten dürfen.

> **Brutverhalten**

Auf der Suche nach einem guten Versteck für das Nest sind Grünlinge recht findig. Dichte Schnitthecken, Kletterpflanzen an Mauern, sogar Blumenkästen auf Balkons sind beliebt. Koniferen und immergrüne Ziersträucher werden schon deswegen gern gewählt, weil Grünfinken früh mit der Brut beginnen, wenn viele Laubgehölze noch ziemlich kahl sind. Die weißlichen bis bläulichen Eier sind spärlich rostbraun gefleckt, gewöhnlich 4–5 an der Zahl. Während das Weibchen 11–14 Tage brütet und weitere 4 Tage die Frischgeschlüpften wärmt (»hudert«), füttert es der Gatte mit seinem Kropfinhalt. Auf die gleiche Weise bekommen die Jungen ihr vorgeweichtes Körnermüsli. Nach 14 Tagen sind sie stark genug, es mit der Welt aufzunehmen.

> **Nahrung**

Eine vielseitig vegetarische Nahrung hält den Grünling frisch und grün. Je nach Jahreszeit stehen

Grünlings-Männchen sind etwas farbintensiver als die Weibchen.

reife und halbreife Samen von Gräsern, Kräutern und Bäumen, Beeren und weiche Früchte, Blatt- und Blütenknospen auf dem Speiseplan. Besonders beliebt sind die an Vitamin C reichen Hagebutten. Fleischliches gibt es äußerst selten; offenbar werden nur die kleinen Jungen mit eiweißreichen Blattläusen gefüttert.

> **Hilfen**

Was für den Girlitz gesagt wurde, gilt auch für den Grünling: Wo es die richtigen Nestverstecke und Nahrungspflanzen in den Gärten gibt, wird sich früher oder später auch eine Grünlingsfamilie einfinden.

Stieglitz

➤ Aussehen

Mit seiner Farbenpracht wirkt der Stieglitz oder Distelfink wie ein Exot in unserer sonst eher bieder gefärbten Vogelwelt. Rot mit Schwarz ist das Gesicht und weiß eingerahmt und wiederum schwarz begrenzt am Scheitel und hinter den Ohren. Vom schwarzen Flügel hebt sich ein gelbes Feld mit der Leuchtkraft einer reifen Zitrone ab. Der weiße Bürzel trennt den samtbraunen Rücken vom schwarzweißen Schwanz. Unterseits ist der Stieglitz geschmackvoll weiß mit beigen Flanken. Den Jungvögeln fehlt das rote Gesicht (s. S. 54).

➤ Verhalten

Die muntere Wesensart der Stieglitze wird noch durch ihren namengebenden »stiglit«-Ruf unterstrichen. Und sie sind sehr gesellige Vögel, die gern in Schwärmen über Disteln und andere samentragende Stauden herfallen und bei Beunruhigung mit viel »stiglit« und hüpfendem Flug wieder davonfliegen. Der Gesang ist ein munteres Gezwitscher, in das der typische Ruf immer wieder eingeflochten wird. Im übrigen sind diese »Exoten« keineswegs sehr kältescheu, weichen im Winter nur gerade nach Frankreich oder ans Mittelmeer aus und kehren bald wieder.

➤ Vorkommen

Wenn schon Grünling und Girlitz auf Unkrautsamen angewiesen sind, so ist der Stieglitz noch viel mehr darauf spezialisiert. Sein spitzer Schnabel mit den scharfen Kanten ist ein Spezialinstrument, um an tiefsitzende Distel- und Klettensamen zu kommen. Darum lebt er in offenen Landschaften mit einigen Bäumen (für das Nest), wo es noch Disteln, Kletten und andere Wildstauden in genügender Zahl gibt. Städte und Dörfer mit nicht zu eifrigen Gärtnern werden ebenfalls regelmäßig besiedelt.

➤ Brutverhalten

Das Weibchen baut ein sehr ordentliches, außen mit Flechten getarntes Nest, am liebsten auf die äußersten Zweige eines freistehenden Baumes oder hohen Busches. Im Herbst sieht man die vorher gut im Laub versteckten Nester und wundert sich, dass oft mitten im Verkehr von Autos und Menschen kleine Stieglitze großgezogen wurden. Die 4–6 Eier sind auf blassbläulichem Grund spärlich mit rotbraunen Schnörkeln und Flecken besetzt. Das Weibchen brütet allein und wird vom Männchen gefüttert. Die Brutzeit dauert 11–13 Tage, die Nestlingszeit der Jungen 12–15 Tage. Eine zweite Brut ist die Regel.

➤ Nahrung

Fast ausschließlich Sämereien der verschiedensten Pflanzen, z.B. Löwenzahn, Huflattich, Disteln und Kratzdisteln, Wiesenbocksbart und Sonnenblumen, aber auch von Bäumen wie Birke und Erle. Selbst die Jungen bekommen im Kropf vorgeweichte Samen und nur gelegentlich auch einmal ein paar Blattläuse.

➤ Hilfen

Lassen Sie Ihren Garten verwildern, das ist die beste Gewähr dafür, diese wunderhübschen und stets gut aufgelegten Vögelchen anzulocken. Ob es auch mit ganzjährigen Futterstellen funktioniert, muss bezweifelt werden, da ihnen nichts über frische Samen geht.

Gimpel

➤ **Aussehen**

Sie haben etwas Behäbig-Gutmü-
tiges, diese stets in treuer Partnerschaft zu beobachtenden Vögel.
Mit seiner leuchtend roten Unterseite fällt das Männchen sofort
ins Auge. Auf dem Rücken trägt
er ein Cape in dezentem Grau,
Schwanz und Flügel sind schwarz,
letztere mit weißer Binde. Weiß
sind auch der Bürzel und die
Unterschwanzdecken – auch
beim viel schlichteren Weibchen,
das überall dort braun ist, wo der
Mann Rot und Grau trägt. Die
schwarze Kappe und das behä-
bige Gebaren hat ihnen auch den
Namen Dompfaff eingetragen.

➤ **Verhalten**

Bekanntlich dienen die Gesänge
der Vögel nicht nur uns zur Freude, sondern auch der Reviermar-
kierung und dem Anlocken der
Weibchen. Die friedlichen Gimpel gehören zu den wenigen
Vögeln, die kein Revier beanspruchen und offenbar ihrer Damen
sicher sind. Entsprechend zurück-
haltend ist ihr Gesang: Ein leises
Plaudern mit kleinen Pfiffen und
Trillern dazwischen. Auch der
typische Lockruf, ein weiches
»djü«, klingt gemütvoll und sanft.
Früher hielt man die hübschen
Vögel im Käfig und brachte ihnen
kleine Melodien bei.

➤ **Vorkommen**

Sie brüten in Nadel- und Mischwäldern mit dichtem Unterholz,
in Fichtenschonungen und in

Das Gimpel-Männchen ist viel farbenprächtiger als das Weibchen.

immergrünen Hecken und Büschen von Parks und Gärten. Im
Winter streifen sie weit umher,
sind aber nie fern von Gebüsch
und Bäumen.

➤ **Brutverhalten**

Die Ehe ist für den Gimpel nicht
nur saisonales Zweckbündnis
wie bei den meisten anderen
Singvögeln, sondern lebenslange
Partnerschaft. Das Nest wird
meist auf einem der äußeren
Äste eines Nadelbaums versteckt
und besteht aus einer Reisig-
plattform, auf der das eigentliche
Nest aus feineren Materialien
entsteht. Die 4–6 bläulichen Eier
sind spärlich mit dunklen Punkten und violettgrauen Unter-
flecken gezeichnet. Während die
Mutter 13–14 Tage lang brütet,
wird sie vom Vater gefüttert, der
sich auch an der Aufzucht der
Jungen beteiligt. Im Alter von
16–18 Tagen verlassen die Jungen das Nest und werden noch

15–20 Tage vom Vater umsorgt,
während die Mutter bereits das
Nest für die nächste Brut baut.

➤ **Nahrung**

Samen und Knospen vieler
Bäume, Sträucher und Kräuter
sind die Hauptnahrung. Auch
Beeren werden gern gefressen,
allerdings um der Samen willen,
das Fruchtfleisch wird geschickt
geschält und fallen gelassen.
Auch viele Samen werden geschält. Durch den Verbiss von
Obstbaumknospen können Gimpel in gewissem Umfang schäd-
lich werden. Die Jungen bekommen neben aufgeweichten und
unreifen Samen aus dem Kropf
auch Raupen, Spinnen und
Schnecken.

➤ **Hilfen**

Immergrüne Pflanzen, einschließlich Efeu an der Hauswand bieten gute Nistplätze. Vielseitiges
Körnerfutter lockt die schönen
Vögel ans Futterhaus.

Das Goldammer-Männchen schmückt sich in kräftigen Gelbtönen.

Goldammer

➤ Aussehen

Die Männchen sind leicht an ihrem goldgelben Kopf zu erkennen, den in ähnlicher Weise allenfalls noch der kleine Girlitz (S. 89) aufweist. Im übrigen herrschen warme, rotbraune Töne vor, wobei besonders der rostbraune Bürzel sehr charakteristisch ist (vor allem bei abfliegenden Vögeln). Daran erkennt man auch die Weibchen, die weniger Gelb tragen und dafür mehr grau-braun-schwarz gestrichelt sind.

➤ Verhalten

Im Winter sieht man Goldammern meist in Schwärmen (oft mit anderen Ammern und Finken) auf Feldern, im Sommer einzeln auf Buschspitzen und Hecken, von wo aus das Männchen seine gemütliche Strophe hören läßt.

➤ Vorkommen

Abwechslungsreiche Landschaften mit Büschen und Hecken und Flächen unterschiedlicher Vegetationshöhe, Waldränder, Bahndämme, Wegränder, Randlagen menschlicher Siedlungen. Unmittelbar in Gärten brüten Goldammern wohl nur ausnahmsweise.

➤ Brutverhalten

Das Nest wird vom Weibchen in dichter Vegetation am Boden oder niedrig in Büschen und Dornsträuchern (Brombeeren) versteckt, am liebsten an sonnigen Böschungen, Dämmen, Heckenrändern, Zäunen. Die 3–4 Eier sind auf weißlichem bis rötlichem Grund sehr variabel dunkel gezeichnet. Während das Weibchen 11–14 Tage die Eier wärmt, wird es vom Männchen gefüttert. Die jungen Goldammern verlassen im Alter von 9–14 Tagen das Nest. Bald danach beginnt das Paar eine neue Brut.

➤ Nahrung

Das ganze Jahr über eine Vielfalt von Sämereien, die teils vom Boden aufgesammelt, teils von den Pflanzen geerntet werden. Im Sommer spielen aber auch Insekten und deren Larven sowie Bodentiere eine wichtige Rolle bei der Ernährung.

➤ Hilfen

Mit einer Brut im Garten kann man, wie gesagt, bei der Goldammer kaum rechnen. Dagegen sind die im Winter nicht mehr ganz so goldenen Ammern am Futterhaus häufiger Stammgast – zumindest in halbwegs ländlicher Lage. Fütterung mit Sämereien aller Art.

Mauersegler

Junge Mauersegler kurz vor dem Ausfliegen.

➤ Aussehen
Viele Leute verwechseln diese Flugkünstler mit den Schwalben. Wer genauer hinschaut, kann aber Flugbilder und Flugverhalten bald leicht unterscheiden: Die Mauersegler – die mit den Schwalben nicht verwandt sind, ja nicht einmal zu den Singvögeln gehören – haben viel schmalere, längere, sichelförmig gebogene Flügel und sind fast einfarbig grau-braun-schwarz. Wer einmal einen in der Hand hatte, weiß, dass sie außerdem einen sehr kurzen, aber enorm breiten Schnabel haben. Mit all dem sind sie extrem an das Luftleben und den Fang von Fluginsekten angepasst – und in der Luft verbringen sie auch nahezu ihr ganzes Leben, Tag und Nacht.

➤ Verhalten
Ihr bald gleitender, bald reißender Flug – mit schwirrenden Flügeln – lässt sie oft wie kleine Falken erscheinen, wenn sie paar- oder herdenweise um Häuserblocks jagen oder hoch am Himmel wie spielerisch nach Insekten haschen. Dazu hört man ihre sirrend-schrillen Schreie, die nichts mit dem gemütlichen Geschwätz der Schwalben gemein haben. Sie brüten in Gebäudenischen und unter Dachziegeln – Nistplätze aus denen sie oft den Haussperling vertrei-

ben – lassen sich aber oft tagelang nicht am Brutplatz blicken, wenn schlechtes Wetter sie in entferntere Jagdgründe treibt. Man wundert sich, wie Gelege und Junge solch stiefmütterliches Verhalten überleben. Übrigens sind sie unsere eiligsten Brutvögel, kommen erst Anfang Mai und sind Anfang August schon wieder unterwegs in südlichere Länder.

➤ Vorkommen
An Gebäuden, auch mitten in Städten, haben sie ihre Nester. Sonst aber ist die Weite des Himmels ihr Lebensraum, hoch über Wiesen und Feldern, über Wäldern und Bergen. Bei schlechtem Wetter jagen sie dicht über der Wasserfläche von Seen und Flüssen nach Insekten.

➤ Brutverhalten
Ihr »Nest« besteht nur aus einigen in der Luft aufgeschnappten Halmen und Federn, die mit dem erhärtenden Speichel ver-

klebt sind. Die 2–3 länglichen weißen Eier werden in der zweiten Maihälfte gelegt und von beiden Eltern 18–20 Tage bebrütet. Die Jungen werden mit haselnussgroßen Futterballen geatzt, die aus 100–800 Fluginsekten bestehen. An guten Tagen verfüttert ein Paar mehr als 20000 Kleininsekten. Bei kaltem Wetter verfallen die Jungen in eine Starre und können dann einige Tage ohne Futter auskommen. Je nach Witterung dauert die Nestlingszeit 38–56 Tage.

➤ Nahrung
Fliegende Insekten und Spinnen, vor allem Blattläuse und Mücken.

➤ Hilfen
Wo die randlichen Dachziegel des Hauses nicht so verlegt sind, dass Mauersegler drunterschlüpfen können (nämlich mit Überstand), kann man ihnen besondere Nistkästen anbieten (S. 43, 44), möglichst mehrere, da sie gern in kleinen Kolonien brüten.

Rauchschwalben am Nest.

Rauch- und Mehlschwalbe

➤ Aussehen

Im raschen Flug sind die beiden Schwalbenarten nicht leicht zu unterscheiden, wenn auch der weiße Hinterrücken der Mehlschwalbe und die langen Schwanzspieße der Rauschschwalbe recht auffällig sind (vgl. auch Mauersegler, S. 95) Am leichtesten unterscheidet man sie an ihren Nestern: Rauchschwalben bauen ihre *schalenförmigen* Lehmnester meistens *in* Gebäuden, Mehlschwalben kleben ihre *Halbkugel*-nester mit kleinem Schlupfloch dicht unters Dach *außen* an Gebäudewände.

➤ Verhalten

Rauchschwalben können bei weitem hübscher singen als die Verwandtschaft; vom Leitungsdraht oder Nestrand lassen sie ein anhaltendes, klares Gezwitscher hören, in das immer wieder ein gezogenes Knarren eingewoben wird. Mehlschwalben variieren in ihrem Gesang eigentlich nur ihren etwas tonlosen Ruf »prrrit«.

➤ Vorkommen

Die meiste Zeit verbringen sie in der Luft. Im Gegensatz zum Mauersegler rasten sie zwischendurch aber auch gerne auf Leitungsdrähten oder in der Umgebung des Nestes. Auf dem Zug fallen sie aber auch in Scharen im Schilf oder auf Bäumen ein, oder sitzen wie die Perlen einer Kette in der Takelage von Segelschiffen. Bei uns sind sie ganz zu Gebäudebewohnern geworden, wobei sie aber schon wegen des Baustoffs für ihre Nester ländlichere Ortschaften, Weiler und Einzelgehöfte bevorzugen.

➤ Brutverhalten

Die Rauchschwalben kehren im Frühjahr etwa 2 Wochen vor den Mehlschwalben aus dem Süden zurück und bleiben im Herbst länger. Mit Nestbau und Eiablage beginnen beide Arten ab Ende April. Rauchschwalben stützen ihre flache Lehmschale gerne auf einem kleinen Mauervorsprung ab, während Mehlschwalben ihren halbkugeligen Bau kühner auch an geraden Wänden befestigen. Ein Schwalbenbrettchen nehmen beide gerne an, und es verhindert die Verschmutzung von Wand und Boden. Am liebsten werden alte Nester wieder bezogen, weshalb man sie nicht entfernen sollte. Rauchschwalben legen 3–6 braun gefleckte, Mehlschwalben 4–5 weiße Eier. Je nach Witterung dauert das Brüten 12–18 Tage, die Nestlingszeit 20–30 Tage. Nach dem Ausfliegen werden die jungen Schwalben noch bis zu 2 Wochen gefüttert und bleiben auch danach noch lange in der Nähe, wodurch eine starke Brutplatzbindung entsteht.

➤ Nahrung

Fluginsekten und Spinnen.

➤ Hilfen

1 Entfernen Sie nie Schwalbennester.
2 Bringen Sie 10–15 cm unterm Dachvorsprung und in Räumen mit ständiger Einflugöffnung kleine Brettchen an.
3 Kaufen Sie sich Betonnester und montieren Sie sie nach Anleitung.
4 Verwenden Sie keine Insektenvernichtungsmittel.
5 Setzen Sie aus dem Nest gefallene Jungvögel ins Nest zurück oder auf einen erhöhten Platz in Nestnähe.

Mehlschwalbe beim Füttern.

Buntspecht-Männchen; dem Weibchen fehlt der rote Fleck am Hinterkopf.

Buntspecht

➤ Aussehen

Diesen auffallend schwarz-weiß-rot gezeichneten Specht kann man allenfalls mit einigen viel selteneren Spechten verwechseln: mit dem wesentlich kleineren Kleinspecht, mit dem ganz anders rufenden Mittelspecht und mit dem auf urige Altholzwälder beschränkten, sehr seltenen Weißrückenspecht.

➤ Verhalten

Obwohl er nicht sehr scheu ist, versteckt sich der Buntspecht vor dem Beobachter doch gern hinter den Bäumen. Man wird aber bald auf ihn aufmerksam, wenn man seinen charakteristischen Ruf, ein scharfes »kick«, kennt. Im frühen Frühjahr hört man oft sein Trommeln, das er mit dem Schnabel auf hohlen Baumstellen (manchmal auch auf Blech oder anderem schallenden Ma-

terial) erzeugt. Die Jungen lassen aus der Bruthöhle ein schwirrendes Betteln hören.

➤ Vorkommen

Laub- und Mischwälder mit möglichst vielen toten Ästen und Stämmen. Als unser anpassungsfähigster Specht weiß er aber auch Nadelwälder und Gärten, Feldgehölze und Alleen zu nutzen.

➤ Brutverhalten

Bereits im Hochwinter beginnen sich die Partner mit Trommeln auf die Brutzeit einzustimmen. Ende März beginnt man mit der Suche nach einem geeigneten Platz. Eine Nisthöhle wird in morschen Stämmen vom Männchen entweder neu gebaut, oder man richtet sich eine alte Höhle her. Als Nistmaterial dienen beim Bau anfallende Späne. Die 5–7 weißen Eier werden ab Mitte April gelegt. Beim Brüten ist das Männchen eifriger als das Weibchen, und auch wenn nach 10–12 Tagen die Jungen geschlüpft sind, kümmert sich der Vater mit Hingabe um sie. Erst nach 10 Tagen öffnen sich Augen und Ohren der Kleinen, und so lange werden sie von den Eltern durch Hudern ständig warm gehalten. Zumindest die Nächte verbringt der treu sorgende Vater mit seiner Brut bis kurz vor dem Ausfliegen, also etwa 3 Wochen lang. Nach Verlassen der Höhle werden die Jungen noch etwa 10 Tage gefüttert.

➤ Nahrung

Mehr als andere Spechte machen Buntspechte auch vom pflanzlichen Nahrungsangebot Gebrauch. Neben Insekten und ihren Larven, die sie im morschen Holz aufstöbern, von Zweigen absammeln oder auch am Boden aufpicken, wissen sie – vor allem im Herbst und Winter – auch Samen, Nüsse und Beeren zu schätzen.

> **Hilfen**

Morsche Bäume und Äste sind für alle Spechte das A und O. Darin finden sie ihre Nahrung und darin können sie ihre Höhlen bauen. Mit Nistkästen kann man dem »Zimmermann des Waldes« in der Regel nicht imponieren, obwohl er gerne daran herumhämmert und leider auch manchmal die Jungen anderer Höhlenbrüter herauszieht und verspeist. Im Winter kommt der Buntspecht gern ans Futterhaus, an aufgehängte Specksaiten oder Meisenknödel.

> **Andere Spechte**

Neben den schwarz-weiß-roten »Bunt-«Spechten (Buntspecht, Mittelspecht, Kleinspecht) und abgesehen von dem sehr seltenen Dreizehenspecht gibt es noch 3 weitere Spechtarten in Mitteleuropa, von denen zumindest 2 durchaus auch einmal im Garten erscheinen, vielleicht hier sogar brüten können. Es sind Grau- und Grünspecht sowie der große, hauptsächlich auf Buchenwälder beschränkte **Schwarzspecht**.

Mit 45–47 cm zwischen Schnabel- und Schwanzspitze ist der Schwarzspecht so groß wie eine Krähe, mit der man ihn auch verwechseln könnte, wenn er sich nicht durch einige Merkmale sehr deutlich von ihr unterscheiden würde. Erstens hat der Mann einen durchgehend roten Scheitel, die Frau allerdings nur einen roten Hinterkopf. Zweitens: Im Flug ist der große schwarze Vogel an seinem wellenförmigen Flug sofort als Specht zu erkennen. Drittens: Wenn er an Stämmen herumklettert, wird ihn auch kaum jemand für eine Krähe halten. Viertens: Seine klangvolle Stimme – Serien von »prrii-prrii-prrii...« oder »krük-krük-krük...«-Rufen im Flug und ein wohltönendes »kliiiüü« im Sitzen – hat herzlich wenig mit dem »krah krah« von Krähen gemein.

Grau- und **Grünspecht** sind sich in vielem sehr ähnlich, auch in ihrer Lebensweise, weshalb man sie beide auch als »Erdspechte« bezeichnet. Zwar trifft man auch andere Spechte gelegentlich am Boden, Grau- und Grünspecht aber sind (ähnlich dem Wendehals) ganz auf Ameisen und ihre Brut als Nahrung spezialisiert – und die finden sie hauptsächlich am Boden und weniger in morschen Bäumen. Allerdings: Im Zeitalter intensiver Landwirtschaft finden sie heute kaum noch Ameisenkolonien auf den Wiesen und sind darum selten geworden. Die beiden Arten zu unterscheiden, fällt auch erfahrenen Kennern nicht immer leicht. Wenn man sie gut ins Visier bekommt,

Graupecht-Männchen; dem Weibchen fehlt die rote Stirn.

ist die Unterscheidung nicht allzu schwer: Im Gegensatz zum Graupecht (siehe Abbildung) tragen alle Grünspechte (Männchen, Weibchen und Junge) eine von der Stirn bis in den Nacken reichende rote Kappe. Die Altvögel haben zudem eine schwarze »Räubermaske«, von der sich die weißgelbe Iris stechend abhebt. Aber wann kann man schon die Kopfzeichnung so genau studieren? Da bleibt einem oft nur die Stimme: Der Gesang des Graupechtes ist ein flötendes, kläglich abfallend-verebbendes, leicht nachzupfeifendes »pipüpü-pü-pü pü pü ...«, der Grünspecht hingegen läßt ein lachendes, kräftiges »klü-klü-klü...« erklingen.

Wendehals

> **Aussehen**

Man sieht ihm kaum an, dass er zu den Spechten gehört: unscheinbar graubraun, ohne Meißelschnabel und ohne das typische Kletterverhalten. Eher könnte man den Wendehals für einen großen Singvogel, etwa für das Weibchen des Neuntöters, halten.

> **Verhalten**

Auch sein Verhalten weicht stark ab von dem der »echten« Spechte. Nur den stark wellenförmigen Flug hat er mit ihnen gemein. Ansonsten wirkt er merkwürdig träge und langsam, und sein namengebendes Verdrehen des Kopfes wirkt fast reptilienhaft und entsprechend abschreckend. Mit Grau- und Grünspecht gemeinsam hat er die Vorliebe für Rasenameisen – deren Ausrottung durch allzu effiziente Mähmaschinen mit ein Grund für den erschreckenden Rückgang des Wendehalses (und der »Erdspechte«) sein dürfte. Im Frühjahr fällt der unscheinbare Vogel durch sein klagendes »wähd-wähd-wähd...« auf.

> **Vorkommen**

Locker mit Bäumen bestandene Landschaften mit niedrigen Rasen, besonders Obstgärten, Alleen, Parks, Feldgehölze.

> **Brutverhalten**

Als Höhlenbrüter, der selbst keine Höhlen bauen kann, ist der Wendehals auf morsche Bäume, Spechthöhlen oder Nistkästen angewiesen. Die Nester anderer Vögel werden unbarmherzig samt Eiern oder Jungen rausgeschmissen. Die 7–12 weißen Eier legt Frau Wendehals ohne Nistmaterial auf den Höhlenboden. Beim Brüten wechseln sich die Partner ab, bis schließlich nach 12–14 Tagen die Jungen schlüpfen.
Bei Störung lassen die Jungen ein heiseres Bellen, später ein schlangenartiges Zischen hören, das schon manchen Neugierigen in die Flucht geschlagen hat. Im Alter von 20–22 Tagen verlassen die Jungen die Bruthöhle.

> **Nahrung**

Bevorzugt Larven und Puppen von Ameisen, zur Not auch andere Insekten und Spinnen; ausnahmsweise auch Beeren.

> **Hilfen**

Auch diesen merkwürdigen Vogel wird man bei uns wohl nur durch schonenderen Umgang mit der Natur retten können. Versuchsweise kann man ihm aber auch Nistkästen (S. 39) anbieten. Allerdings muss man dafür sorgen, dass nicht andere Vögel das Eigenheim zuerst besetzten, wenn man feindliche Übernahmen verhindern will. Außerdem müssen Wiesen mit vielen Ameisen (Obstgärten) vorhanden sein.

Türkentaube

➤ Aussehen

Türkentauben haben Ähnlichkeit mit den in wärmeren Landesteilen vorkommenden, aber viel selteneren Turteltauben. Von ihnen unterscheiden sie sich durch insgesamt hellere Färbung, einheitlich sandfarbene (nicht dunkel geschuppte) Oberseite und vor allem durch ihr schmales, aber auffälliges schwarzes Nackenband. Auch die Stimme (s. u.) ist ein gutes Unterscheidungsmerkmal. Die Turteltaube schnurrt weich und ohne deutlichen Rhythmus wie ein gut geschmierter Motor. Beide Tauben sind deutlich kleiner und bräunlicher als die drei anderen, grauen Arten: Ringeltaube, Hohltaube und wildfarbene Straßentaube.

➤ Verhalten

Wenn sie mit langem Schwanz und ruckartig geschlagenen Flügeln dahinsausen, könnte man sie für einen Kuckuck oder kleinen Greif halten. Gerne sitzen sie paarweise, im Winter auch in Gruppen auf Leitungsdrähten, Straßenlampen, auf Hausdächern, Antennen und in Bäumen. Sie wagen sich nah an Menschen heran, sind aber stets wachsam und fluchtbereit. Am auffälligsten ist ihr dreisilbiges Lied: »ruk-ruuk-ruk«, das sie (besonders in aller Herrgottsfrühe) so oft wiederholen, dass manche Menschen Mordgelüste ent-

wickeln. Außerdem hört man ein empörtes, rauhes »chrräi«.

➤ Vorkommen

Bei uns fast ausschließlich ein Bewohner gartenreicher Siedlungen und Ortsränder.

➤ Brutverhalten

Das flache, dünne Nest aus Zweigen wird gerne in Nadelbäumen mit waagrecht abstehenden Ästen errichtet. Aus den oft schon im März gelegten zwei weißen Eier schlüpfen nach 12–14 Tagen Bebrütung durch beide Eltern sehr häßliche nackte Jungtauben. Dank nährreicher »Kropfmilch« klettern sie aber schon im Alter von 2 Wochen im Geäst herum und sind nach weiteren 3 Wochen selbstän-

dig. Im zarten Alter von 3–4 Monaten beginnen sie oft schon selbst zu brüten. Bei 2–4 Jahresbruten kann man auch im Herbst brütende Türkentauben finden.

➤ Nahrung

Sämereien aller Art, gerne auch von Getreidefeldern und Hühnerhöfen, teilweise auch Beeren und Pflanzensprosse.

➤ Hilfen

Nisthilfen benötigen die anpassungsfähigen Türkentauben nicht. Im Winter kommen die zierlichen Tauben gern auf den Balkon oder die Terrasse, wenn man ihnen Haferflocken, geschrotetes Getreide, gehackte Erdnüsse, Hanf und andere Sämereien hinstreut.

Steinkäuze sind Höhlenbrüter.

Steinkauz

➤ Aussehen

Eine entzückende kleine Eule
mit ihren bald »erstaunten«, bald
schläfrig verhangenen gelben
Augen. Die aufrechte Haltung
und der dicke Kopf lassen den
kleinen Kauz mehr puppen- oder
gnomenhaft als kauzig erscheinen. Sicher stand er Pate bei so
mancher Zwergenphantasie.

➤ Verhalten

Auch seine Bewegungen sind
höchst faszinierend. Da wird der
Kopf hin und her geschoben und
possierlich geneigt, wenn der
kleine Kerl wissen will, was das
für ein Gegenüber ist. Und wenn

ihn etwas beunruhigt, knickst er
wie ein altmodisches Mädchen.
Seine Rufe und Liebesgesänge
klingen vielen Menschen allerdings eher schaurig: ein etwas
ansteigendes »guu-ah«, ein kräftiges »kiuh« und ein hohes,
scharfes »kip-kip-kip...«. Bettelnde
Junge lassen ein langezogenes,
zischendes Summen hören.

➤ Vorkommen

Die wärmeliebenden kleinen
Eulen sind in Südeuropa viel
häufiger als bei uns. Sie nisten
gerne in Gebäudenischen (Ruinen), in Natursteinmauern und
knorrigen Olivenbäumen. Bei uns
werden hohle alte Obstbäume
und Kopfweiden als Nistplatz

gewählt und ebenfalls Ruinen –
wo es solche in unserem auf-
geräumten Land noch gibt. Obstgärten, Weinberge, Steinbrüche
und Dorfränder sind ihre bevorzugten Lebensräume.

➤ Brutverhalten

Hohle Bäume sind bei uns der
häufigste Nitsplatz, sofern nicht
verlassene Gehöfte oder Feldscheunen größeren Wohnkom-
fort bieten. Die 3–5 fast kugel-
runden weißen Eier werden
22–30 Tage vom Weibchen
bebrütet. Der Mann sorgt derweil
für Nahrung. Im Alter von etwa
35 Tagen verlassen die Jungen
die Höhle, obwohl sie erst
10 Tage später einigermaßen
fliegen können.

➤ Nahrung

Kleinsäuger, Vögel, Reptilien,
Amphibien und Insekten machen
den vielseitigen Speiseplan des
Dämmerungsjägers aus.

➤ Hilfen

Selten geworden ist der Steinkauz, weil es bei uns nicht mehr
viele Großinsekten, Reptilien und
Kleinsäuger gibt. Man müßte also
Land- und Forstwirtschaft ändern,
um ihm zu helfen. Wo die Natur
noch oder wieder einigermaßen
in Ordnung ist, kann aber auch
der Mangel an Bruthöhlen ein
Handicap sein. Wie man spezielle Steinkauzröhren baut, erfahren
Sie auf S.43, 44.

➤ Waldkauz

Mit dem viel größeren **Waldkauz**
kann man den kleinen Steinkauz
auch bei Nacht kaum verwech-

Junge Waldkäuze verlassen oft längst bevor sie fliegen können die Nisthöhle – kein Grund, die Feuerwehr zu alarmieren.

seln. Dessen Gesang ist ein langgezogenes, zitterndes »pu-hu-u-u-u-u...« und der Ruf ein schrilles »kjä-witt«, das man dem unschuldigen Vogel als Todesruf (»komm mit«) angekreidet hat.

Junge Käuze verlassen meist noch im grauweißen Dunenkleid, längst bevor sie fliegen können, ihre Behausung und hocken dann wie verschimmelt auf Ästen oder auch auf dem Boden. Viele wohlmeinende Menschen alarmieren dann Polizei, Feuerwehr oder Vogelschutz. Nehmen Sie einen am Boden sitzenden Jungkauz einfach mit beiden Händen um den Leib und setzten Sie ihn auf einen erhöhten, etwas geschützten Ast. Aber nehmen Sie sich vor seinen scharfen Krallen in Acht!

Waldkäuze nisten gern in Höhlen, hauptsächlich im Wald, aber manchmal auch in der Nähe von Gebäuden. Wenn Sie naturnahwaldnah wohnen, sollten Sie unbedingt auch den einen oder

Als Tagesrastplatz wählen sich Waldkäuze (und andere Eulen) oft die merkwürdigsten Posten.

anderen großen Nistkasten (Hohltauben-Kasten, S. 45) aufhängen. Wenn Herr und Frau Kauz einziehen, können Sie stolz sein und viel Freude haben, wenn die Jungen in Ihrem Garten herumklettern. Abergläubisch sind Sie ja nicht – oder?

Schleiereule

➤ **Aussehen**

Eine schlanke, sehr helle, unterseits fast weiße Eule. Das seidenzarte Gefieder der Flügel wirkt aus der Nähe wie von einem geschmackvollen Designer entworfen.

➤ **Verhalten**

Auch wenn sie gern in menschlichen Gebäuden nisten, sind Schleiereulen doch scheu und wachsam. In der Zeit der Nistplatzsuche sollte man sie daher keinesfalls stören. Später, wenn sie Gelege und Junge haben, lassen sie sich nicht mehr so leicht vertreiben. Dann kann man sie rücksichtsvoll und aus gebührender Entfernung ausgiebig beobachten. Wie alle Eulen drehen und neigen sie ihren Kopf, wenn

sie etwas fixieren, was höchst komisch wirken kann. Im Spätwinter hört man den Revierruf des Männchens, einen gedehnten, heiseren Schrei. Die Jungen lassen ein schreckliches Schnarchen hören, wenn sie sich belästigt fühlen.

➤ **Vorkommen**

In der Feldflur jagen sie Mäuse, aber ihre Jungen ziehen sie fast ausschließlich in Gebäuden auf, von Feldscheunen bis zu Kirchtürmen.

➤ **Brutverhalten**

Ab März hält sich das Paar viel am künftigen Brutplatz auf. Wenn es genügend Mäuse gibt, wird bald mit dem Brutgeschäft begonnen. Eine geräumige, aber dunkle und störungsfreie Nische in Dachböden, Türmen, Scheunen und sogar Taubenschlägen

wird gewählt, um die weißen Eier in eine Schicht aus Gewölle zu legen. Die Zahl der Eier hängt wieder davon ab, ob es ein gutes (7–12 Eier) oder schlechtes (2–4 Eier) Mäusejahr ist. Das Weibchen brütet 30–34 Tage und wird solange vom Männchen mit Nahrung versorgt. Dann schlüpfen die erschreckend häßlichen Jungen. Erst wenn im Alter von 3 Wochen die grauweißen Dunen durch richtige Federn ersetzt sind, sehen sie den hübschen Altvögeln ähnlich. Im Alter von etwa 40 Tagen beginnen die Jungen ihre Umgebung zu erkunden. 3 Wochen später verlassen sie den Brutplatz, im Alter von 3 Monaten schließlich das elterliche Revier.

➤ **Nahrung**

Die nützlichen Vögel ernähren sich ganz überwiegend von Feldmäusen. Nur wenn sie knapp sind, greifen sie auch auf andere Mäuse, Ratten, Frösche, Großinsekten und Vögel zurück.

➤ **Hilfen**

In schneereichen Wintern verhungern viele Schleiereulen. Einflugöffnungen in Scheunen, Speichern und unbewohnten Gebäuden können ihnen das Leben retten. Die dazu nötigen Mäuse kann man durch Ausstreuen von Dreschabfällen, Stroh und Körnern anlocken. Mit besonders konstruierten Nistkästen (S.45) können Sie diesen ebenso schönen, wie interessanten, ebenso nützlichen wie selten gewordenen Vögeln sehr helfen.

Stockente

Stockenten-Pärchen.

➤ Aussehen

Die Männchen dieser durch ihre Häufigkeit und Zutraulichkeit allgemein bekannten Ente imponieren im Prachtkleid (das sie etwa von Oktober bis Mai tragen) mit ihrem grünschwarz glänzenden Kopf, der durch ein schmales weißes Halsband von der kastanienbraunen Brust abgesetzt ist. Der Rumpf wirkt beim Schwimmen und an Land ziemlich einfarbig hellgrau. Im Flug oder beim Putzen fällt aber ein weiß gesäumtes, grünes Flügelfeld ins Auge, das man in ähnlicher Form bei vielen Enten findet und als »Spiegel« bezeichnet. Diese Flügelzeichnung dient im Flug wie eine Erkennungsflagge. Am Körperende heben sich weiße Schwanzfedern von schwarzer Umgebung ab – und als Besonderheit gibt es einige aufgezwirbelte Schwanzfedern. Im Schlichtkleid (Juni bis September) ähneln die Männchen den tarnfarben braunen Weibchen und sind dann von anderen Enten schwer zu unterscheiden.

➤ Verhalten

Stockenten werden leicht futterzahm und verlieren in Stadtparks oft jegliche Scheu. Solche Enten wählen dann auch zum Brüten oft Plätze in der Nähe des Menschen, manchmal ziemlich entfernt von Gewässern, was bedeutet, dass die Mutter mit ihren frisch geschlüpften Küken einen längeren Fußmarsch (oft über verkehrsreiche Straßen) unternehmen muss. Allerdings genügen ihnen auch kleine Gewässer, z.B. größere Gartenteiche mit genügend pflanzlicher und tierischer Nahrung. Die Väter kümmern sich nicht um ihre Nachkommen, bringen diese sogar manchmal um, sofern sie nicht zum Gefiederwechsel verschwinden. Das Weibchen ruft laut quakend, das Männchen leise »wäp«.

➤ Vorkommen

Als Gründelenten, die nur mit dem Vorderkörper tauchen, brauchen Stockenten flache Gewässer mit Wasserpflanzen und reichem Bodenleben. Ähnlich wie Gänse fliegen Stockenten, vor allem nachts, gern auf Wiesen und Felder.

➤ Brutverhalten

Das Nest mit bis zu einem Dutzend blassgrau-grünlicher bis rahmfarbener Eier wird ab Mitte März am Boden unter dichter Vegetation, aber auch in Nistkästen mit großem Eingang angelegt. Das Weibchen brütet 27–28 Tage und verläßt wenige Stunden nach dem Schlüpfen mit den Küken das Nest, um das nächste Gewässer aufzusuchen.

➤ Nahrung

Stockenten haben einen vielseitigen Speiseplan: Im Sommer überwiegt der Anteil kleiner Wassertiere, sonst mehr das Vegetarische.

➤ Hilfen

Da Fuchs und Marder den brütenden Enten übel mitspielen können, kann man ihnen sehr mit kleinen Bruthäusern helfen, die auf einem Pfahl knapp über der Wasserfläche angebracht sind (siehe Bauanleitung S. 46). Wenn nicht genügend natürliche Nahrung vorhanden ist, kann man mit (eingeweichten) Weizen- und Maiskörnern zufüttern. Küken fressen gerne eine Mischung aus gehackten harten Eiern und Brennnesseln sowie eingeweichtem alten Brot.

VOGELFEINDE UND PROBLEMVÖGEL

Vom Fressen und Gefressenwerden

Singvögel haben viele Feinde. Besonders Jungvögel erleiden große Verluste. Das ist der natürliche Tribut, den mehr oder weniger alle Pflanzen und Tiere an das allgemeine Prinzip des Fressens und Gefressenwerdens zu entrichten haben.

Die Überlebens-Strategien der einzelnen Arten, die in erster Linie auf das Überleben der Art und erst in zweiter Linie auf das Überleben des Individuums gerichtet sind, können ganz unterschiedlich sein. Neben vielerlei Verhaltensweisen, zu denen bei Kleinvögeln Warnrufe, Flucht und Verstecken gehören, kompensieren die einzelnen Arten ihre Verluste vor allem durch die Zahl der Nachkommen während der gesamten Lebensdauer. Wehrhafte oder durch ihre Größe wenig gefährdete Arten, wie etwa Adler oder Albatros, müssen diese Eigenschaften zwar mit längeren Aufzuchtzeiten und hohem Nahrungsbedarf bezahlen, brauchen aber dafür weniger Nachwuchs. Da sie außerdem eine Lebenserwartung von oft mehreren Jahrzehnten haben, können sie sich sogar kinderfreie Jahre leisten.

Kleinvögel hingegen, wie Meisen, die in freier Natur selten länger als wenige Jahre leben, und deren Junge starke Verluste erleiden, müssen jährlich ein bis zwei Dutzend Kinder in die Welt setzen. Bei Mäusen, Fröschen, Fischen und vielen anderen Tierarten ist die Zahl des jährlich produzierten Nachwuchses bekanntlich noch um ein Vielfaches größer – entsprechend den hohen Verlusten.

Insgesamt läuft das alles auf eine Art Nullsummenspiel hinaus: Um die Art zu erhalten, muss jedes Paar im Lauf seines Lebens ein weiteres fortpflanzungsfähiges Paar hervorbringen – nicht weniger, nicht mehr. Es ist also ganz natürlich, dass von den, sagen wir, 50 Jungen, die ein Kohlmeisenpaar im Lauf seines (kurzen) Lebens hervorbringt, 48 umkommen, bevor sie sich selbst fortpflanzen können.

Nun beschreiben diese allgemeinen Regeln nur die Verhältnisse großer Individuenzahlen, beziehen sich also auf Populationen oder Arten. Im Garten haben wir es aber mit Einzelindividuen zu tun, die uns mehr oder weniger »persönlich« bekannt und ans Herz gewachsen sind. Die wollen wir natürlich vor Ungemach bewahren, und es berührt uns schmerzlich, wenn uns das nicht gelingt. Darum ist es verständlich und in bester Ordnung, wenn wir alles – fast alles! – zum Schutz unserer Gartenvögel tun. Dabei sollten wir aber stets auch die oben angedeuteten biologischen Gesetzmäßigkeiten im Hinterkopf haben, um nicht zum ökologisch blindwütigen Rächer zu werden. Wer ständig danach ruft, andere Tiere zu töten, um die eigenen Lieblinge vor dem Gefressenwerden zu bewahren, beweist damit nur sein mangelndes Naturverständnis.

Nun hört man oft das fachkundig klingende Gegenargument: Das ökologische Gleichgewicht (was immer der Einzelne darunter versteht) sei ja ohnehin durch den Menschen völlig gestört und darum müsse der Mensch auch wieder regelnd eingreifen. Wer aber genauer hinschaut, wird hinter solchen Worten fast immer entdecken, dass es derlei Verfechtern der »Schädlingsreduzierung« ganz selten um eine »Wiederherstellung des ökologischen Gleichgewichts« geht (ein Widerspruch in sich selbst), ja nicht einmal um eine möglichst große Artenvielfalt (die meist naiv mit »ökologischem Gleichgewicht« gleichgesetzt wird). Es geht dabei vielmehr fast immer um äußerst begrenzte *menschliche* Interessen. In den klassischen Fällen ruft der Bauer nach dem Abschuss von Habicht und Wildsau, um seine Hühner und

Kartoffeln zu schützen, der Waid-
mann führt einen Feldzug gegen
Luchs, Bär und Adler, um »seine«
Rehe, Hasen und Rebhühner
allein jagen zu können, und der
Fischer bläst zum Sturm gegen
Fischotter, Kormoran und Grau-
reiher, um die Beute der Gewässer nicht teilen zu müssen.
Wollen Sie zu den Gartenvogel-
freunden gehören, die Sperber,
Elster, Krähe, Marder, Eichhörnchen und Hauskatze vernichten
wollen, um »ihre« Amsel-,
Meisen- oder Rotschwanzbrut zu
retten?

Wie gefährlich sind Katze & Co.?

Die meisten Singvögel sind vielerlei Gefahren an Leib und
Leben ausgesetzt. Ihre Chance
liegt hauptsächlich in der Flucht.
Doch selbst in der Luft, ihrem
ureigensten Element, droht ihnen
der Tod mit scharfen Krallen.
Vollends wehrlos sind Eier und
Jungvögel den vielen Feinden
ausgeliefert. Da hilft oft die beste
Tarnung, das raffinierteste Ver-
steckspiel nicht.
Natürlich kann man den Stand-
punkt vertreten, Freßfeinde seien
nun einmal Teil der natürlichen
Selektion und damit notwendiger
Motor der fortdauernden Anpassung der Arten, der fortdauernden Evolution – letztendlich also
zum Vorteil der Art. Das ist gewiss
richtig, doch sieht die Wirklichkeit
dann eben so aus, dass Arten,

Vögel wecken bei Katzen deren natürlichen Jagdtrieb.

die mit den Gefahren des Lebensraums Garten nicht zurecht-
kommen, sich auf andere, weniger gefährliche Lebensräume
zurückziehen, da – wie wir bereits eingangs feststellten – die
Veränderungen der Welt durch
den Menschen viel zu rasch sind,
als dass sich bereits hoch diffe-
renzierte Arten noch wirklich
evolutionär daran anpassen
könnten. In unserem Interesse ist
es aber, eine möglichst artenrei-
che Singvogelwelt in unserer
Wohnumgebung zu fördern –
schließlich wollen wir ja nicht
von morgens bis abends nur das

monotone Tschilpen von Spatzen
hören. Das bedeutet aber, dass
wir unsere Umwelt den Bedürfnissen jener anpassen müssen,
die wir gerne in unserer Nachbarschaft hätten.
Die größte Gefahr für die Vögel
der Gärten sind zweifellos unsere lieben Hauskatzen. Zwar versi-
chert jeder Katzenliebhaber, seine Mietze hätte noch nie Vögeln
aufgelauert, doch muss eine normale Hauskatze wohl schon
blind, lahm und altersschwach
sein, um der Versuchung zu
widerstehen, mit einem so lustig
piepsenden Federknäuel ein

Der Sperber ist ein gewandter Kleinvogeljäger, der auch in die Ortschaften kommt.

bisschen zu »spielen«. Leider gibt es zu viele Katzen und leider beschränkt sich deren Aktionsradius keineswegs nur auf Wohnung und Garten ihres Besitzers. Da selbst Zäune für unsere schnurrenden Raubtiere kein Hindernis sind, muß man über spezielle Schutzvorrichtungen, zumindest für die besonders gefährdeten Nester, nachdenken. Im nächsten Abschnitt wollen wir Ihnen einige vorstellen.

An nächster Stelle stehen auf der Liste der tödlichen Feinde wohl Hunde und Marder. In manchen Ortschaften haben sich ja die Steinmarder so vermehrt, dass sie an die (viel zu hohe!) Zahl der Hunde wohl bald herankommen. Während Vögel für Hunde nicht sonderlich interessant sind (saure Trauben!), spielen sie im Speiseplan des klettergewandten Marders eine hervorragende Rolle. Zwar bedient er sich – vor allem in Städten – bevorzugt an den Straßentauben, die ja vielerorts eher ein Problem als eine Freude darstellen, aber natürlich nimmt er auch jeden anderen Vogel, jedes andere Gelege oder Nest voller Jungvögel, die ihm auf seinen nächtlichen Streif-

zügen begegnen. Auch hier helfen nur spezielle Schutzmaßnahmen.

Zu den Liebhabern von Eierspeisen und nackten Jungvögeln gehören auch Eichhörnchen, Ratten und Igel. Da sie in den meisten Gärten aber nicht sonderlich häufig sind, fallen sie als wirkliche Bedrohung unserer Gartenvögel nicht so ins Gewicht. Schließlich seien auch noch die geflügelten Feinde unserer singenden Freunde erwähnt: der wendige Sperber, gelegentlich auch der Habicht, und nachts die eine oder andere Eule. Doch

auch für diese Jäger sind unsere Gärten nicht bevorzugtes Revier, beziehungsweise sind sie viel zu selten. Da stellt sicher unser geliebtes Auto eine weit größere Gefahr für die Vögel der Gärten dar.

Defensive Schutzmaßnahmen

Wir brauchen nicht selbst zum Mörder zu werden, um Amsel, Drossel, Fink und Star samt ihren Nestern und Jungen wirksam vor Übergriffen zu schützen. Der Ruf nach Flinte, Gift und Falle mag tief in unserem biologischen

Erbe verankert sein, ein Zeichen von zivilisatorischer Überlegenheit ist er nicht. Im übrigen geht es nicht nur um die weiter vorne gepredigte ökologische Toleranz: Wer Rabenvögeln, Eichhörnchen, Mardern oder Katzen nach dem Leben trachtet, gerät meist nicht nur mit der Moral, sondern auch mit dem Gesetz in Konflikt. Sei es, dass die jeweils unliebsamen Tiere geschützt sind (praktisch alle freilebenden Tiere, insbesondere alle Greifvögel sowie alle Singvögel, zu denen auch die Krähenvögel gehören), sei es, dass nur der Jäger bestimmte Arten töten darf, wobei aber auch ihm im Siedlungsbereich (also auch in Gärten) enge

Grenzen gezogen sind. Schauen wir uns lieber an, wie die Natur selbst ihre schwächeren Glieder schützt, und strengen wir unseren Erfindergeist ein wenig an. Dem Schutz vor Nesträubern sollten wir vor allem unsere Aufmerksamkeit schenken. Für den defensiven Schutz haben sich drei Methoden bewährt:

1 Tunnelartig vorgezogene Einschlupflöcher. Beim Kauf von Holzbetonkästen muß diese »Marderschutz«-Bauweise ausdrücklich bestellt werden. Bei selbst gebauten Kästen aus Holz schafft man am besten im Bereich des Fluglochs einen Vorbau von etwa 7–9 cm. Einfacher, aber

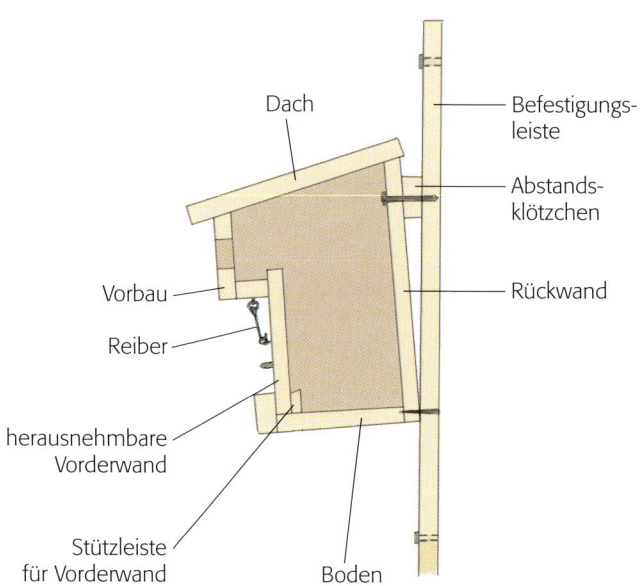

Nistkästen mit einem Vorbau sind mardersicher. Die Vorderwand kann zum Kontrollieren und Reinigen herausgenommen werden. Sie wird unten von einer Stützleiste gehalten und oben mit einem kleinen Haken gesichert.

Dem Erfindungsreichtum für marder- und katzensichere Nistkästen sind keine Grenzen gesetzt.

Stachelkranz und Blechmanschette halten Kletterkünstler von nistenden Vögeln ab.

vielleicht nicht ganz so wirksam ist es, direkt über dem Flugloch ein halbkreisförmiges »Vordach« aus Blech, Kunststoff oder Gitter anzubringen, das 5–8 cm vorsteht. Katzen und Marder können bei solchen Konstruktionen mit der Pfote nicht mehr das Nest erreichen.

2 Ein Frontblech mit passender Einflugöffnung, das oben den Kasten 10–20 cm überragt, macht es Kletterern wie dem Marder unmöglich an und in den Kasten zu kommen, was besonders wichtig ist bei Großkästen mit Einflugöffnungen, durch die der Marder in den Kasten gelangen kann.

3 Katzen und andere Kletterkünstler können durch mindestens 50 cm breite, um den Baumstamm gelegte Manschetten aus Blech oder Kunststoff oder durch Gürtel mit ringförmigen Stacheln davon abgehalten werden, an den Bäumen hochzuklettern, in denen Nistkästen angebracht sind. Man muss darauf achten, dass sie nicht mit der Zeit den Stamm einschnüren. Wem das zu technisch aus sieht, der kann den Stamm auch mit Dornenzweigen verbarrikadieren.

Freibrüter, die ihre Nester im Geäst bauen, wissen instinktiv,

wo ihre Brut vor Luft- und Bodenangriffen am sichersten ist. Wer dennoch meint, gewitzter zu sein als die Natur, kann versuchen, mit Dorngestrüpp, Stachel- oder Maschendraht das Nest direkt zu schützen oder zumindest den Zugang von unten zu erschweren.

Dabei sollte man aber wissen, dass die meisten Vögel schon geringe Veränderungen am Neststandort mit Verlassen des Brutplatzes und Aufgabe der Brut quittieren. Besonders zu Beginn der Brut ist die Bindung zum

Nest noch gering. Am leichtesten zu vertreiben sind Vögel durch Störungen in den Tagen der Nistplatzwahl. Um zu erkunden, wie sicher ein Platz ist, verbringen die meisten Vögel einige Tage am auserwählten Nestplatz. Jede Störung kann sie dann veranlassen, sich einen anderen Platz zu suchen oder gar nicht zu brüten. Über die verschiedenen Phasen des Nestbaus, des Eierlegens (in der Regel eins pro Tag), des Brütens und der Jungenaufzucht nimmt die Bindung der Eltern zum Brutplatz ständig zu. Die

stärkste Bindung besteht nach dem Schlüpfen der Jungen. Darum kann man zu fortgeschrittener Fütterungsphase sogar die Jungen – etwa zum Zweck der Beringung – kurz aus dem Nest nehmen oder eben wenn nötig entsprechende Schutzvorrichtungen anbringen. Bei allen Manipulationen in der Nestumgebung sollte man aber auch bedenken, dass viele natürliche Feinde ein scharfes Auge für Veränderungen an der natürlichen Vegetation haben und dadurch erst auf ein gut verstecktes Nest aufmerksam werden.

Steinmarder sind zwar possierliche Tiere, aber ebenso effiziente Vogeljäger.

Hunde, Katzen, Marder, Eichhörnchen, Ratten, Igel und andere Säugetiere mit Appetit auf Eier und junge Vögel haben einen guten Geruchssinn, mit dessen Hilfe sie Nester aufspüren. Bestimmte im Handel erhältliche Geruchsstoffe verleiden ihnen das Schnüffeln und treiben sie in die Flucht. Wenige Tropfen davon auf saugfähiges Material wie Ziegel oder Weichholz gebracht, halten bis zu eine Woche lang Säugetiere von Vogelnestern fern. Die Vögel selbst stört der Geruch nicht; ob er die menschlichen Benutzer des Gartens stört, hängt vom Ort der Maßnahme und von der Empfindlichkeit der Nasen ab. Auch Nistkästen kann man mit diesem Stoff vergällen. Nachteil: Alle 5–7 Tage muss die Substanz neu aufgetragen werden.

Problemvögel

Alle Tiere wollen ihren Teil vom Überfluss der Natur – und der Mensch möchte am liebsten alles nur für sich. Unleugbar herrscht Nahrungskonkurrenz zwischen vielen Wildtieren und uns. Wo sie existenzielle Formen annimmt, wo Hunger droht, ist es begreiflicherweise schnell vorbei mit der Toleranz. Bedauerlicherweise macht sich Intoleranz und Anspruch auf Alleinherrschaft gelegentlich aber auch dort breit, wo es nur um unser Vergnügen und einen gewissen Luxus geht. Einige Beispiele nannten wir schon weiter vorn. Auch bei vielen Gartenfreunden hört die Naturliebe schnell auf, wenn es ans Teilen geht. Zugegeben: Es ist schon ärgerlich, wenn einem Amseln die ersten Krokusse aus dem Rasen picken – und das offenbar aus schierer Zerstörungslust –, wenn Schnecken über unsere jungen Salatpflanzen herfallen, Wühlmäuse die Wurzeln des frisch gepflanzten Obstbäumchens schälen und Stare den Kirschbaum plündern. Es gibt wohl kaum eine Vogelart, die nicht irgendwann und irgendwie auch einmal unseren Nutzungsansprüchen in die Quere kommen, zum »Schädling« werden kann. Selbst so harmlos wirkende Vögelchen wie Zeisig und Gimpel können durch das Beknabbern von Knospen unseren Zorn auf sich ziehen.

Doch sollte man nicht im Zorne handeln, schon gar nicht Vernichtungsfeldzüge starten. Ein kühler Kopf wird vielmehr versuchen, den materiellen und immateriellen Schaden abzuwägen gegen den materiellen und immateriellen Nutzen. Wer diese Bilanz dann noch mit einem kräftigen Schuss Toleranz würzt, wird gewiss zu Lösungen kommen, die das Prädikat »angemessen« verdienen.

Wie beim Schutz unserer Gartenvögel vor Übergriffen tierischer »Räuber« (»rauben« Amseln Regenwürmer?), wird auch der vernünftige Blumen-, Obst- und Gemüsefreund sich ganz auf defensive Maßnahmen zur Abwehr jener Vögel beschränken, die ihm seine Blütenträume durchkreuzen. Von der altbewährten (?) Vogelscheuche bis zum modernen Kunststoffnetz gibt es ein ganzes Arsenal von Mitteln, mit denen der Mensch beweisen kann, dass er gewitzter ist als die Natur. Der sportlich Gesinnte wird sich gar einen Spaß daraus machen, seine Konkurrenten zu überlisten, ohne Gewalt auszuüben.

FINDLINGE UND PATIENTEN

Vor allem Anderen sei hier gesagt: Lassen Sie im Zweifelsfall jeden Jungvogel dort, wo sie ihn scheinbar elternlos finden! Wenn er auf dem Boden hockt, setzen sie ihn auf einen katzen- und verkehrssicheren Ast! Die Eltern sind in aller Regel nicht weit (nur versteckt) und bereit, ihren Sprössling weiterhin zu füttern. Nur wo Sie mit eigenen Augen den Tod der Eltern gesehen haben oder einen Jungvogel nicht anders vor dem sicheren Tod retten können, dürfen Sie ihn in Ihre Obhut nehmen.

Nesthocker und Nestflüchter

Viele Jungvögel verlassen das Nest, bevor sie richtig fliegen können, und die meisten verlassen es, bevor sie selbständig für ihren Lebensunterhalt sorgen können. Es kommt aber ganz selten vor, dass ein Junvogel zu einer Zeit »aus dem Nest fällt«, zu der die Eltern noch ausschließlich im Nest füttern. Nur in diesen seltenen Fällen kann es angebracht sein, so einen Jungvogel in Pflege zu nehmen – aber auch nur dann, wenn es keine Möglichkeit gibt, das Junge wieder in sein Nest zu setzen oder in den Wirkungsbereich der Eltern zurückzubringen.

Denn eins muss absolut klar sein: Es ist nicht einfach, die Aufgaben der Vogeleltern so zu übernehmen, dass sich Jungvögel normal entwickeln können, und es ist noch schwieriger, einen an Menschen gewöhnten Vogel wieder in die Natur zu entlassen, ohne dass er über kurz oder lang ein Opfer seiner Unselbständigkeit und Vertrauensseligkeit wird.

Wie wir alle in der Schule gelernt haben, gibt es zwei Arten des Vogelnachwuchses, die Nesthocker und die Nestflüchter. Zu den Nestflüchtern gehören alle Wasservögel, also Taucher, Enten, Gänse, Schwäne und Rallen, alle Hühnervögel und alle Wat-

vögel, wie Kiebitz, Regenpfeifer, Schnepfe usw. Die Jungen von Möwen und Seeschwalben sind nesthockende Nestflüchter, die weit entwickelt schlüpfen, aber bis zum Flüggewerden im Nestbereich gefüttert werden. Nestflüchter sogar vom Ei aufzuziehen (z.B. Entenküken) ist im Allgemeinen kein Kunststück, da die Küken mit offenen Augen, wachen Instinkten (z.B. zur Nahrungssuche) und gutem Laufvermögen aus dem Ei schlüpfen, also weitgehend für sich selbst sorgen können, sofern man ihnen anfangs die nötige Wärme, den nötigen Schutz vor Feinden und ständig eine geeignete Futterauswahl bieten kann.

Enten sind typische Nestflüchter. Die Küken folgen direkt nach dem Schlüpfen ihrer Mutter ins Wasser.

Nesthocker, zu denen alle oben nicht genannten Vogelgruppen gehören, also besonders alle Singvögel, kommen nackt, blind, mit geschlossenen Ohren – kurz: als rechte Frühgeburten zur Welt. Das Einzige, was diese embryonalen Häßlichkeiten können, ist den Schnabel aufzureißen und hinten rücksichtsvoll verpackte Häufchen abzugeben. In den ersten Tagen bleibt denn auch die Vogelmutter fast so dauerhaft auf den Jungen sitzen, wie vorher auf den Eiern. Ständiges Warmhalten und ständiges Füttern ist angesagt, aber schwer miteinander in Einklang zu bringen. Da erweist es sich als vorteilhaft, wenn ein Gatte sich am Brutgeschäft beteiligt. Tatsächlich

beginnen sich die meisten Männchen erst nach dem Schlüpfen der Jungen am engeren Familienleben zu beteiligen. Und es ist vielfach nachgewiesen worden, dass die Erfolgsquote bei Bruten, um die sich beide Eltern kümmern, größer ist als in Fällen, wo ein Elternteil umkam. Wir müssen also bei der Aufzucht junger Nesthocker nicht nur Vater oder Mutter ersetzen, sondern Vater *und* Mutter.

Futter und Wärme

Nun wird man selten in die Verlegenheit kommen, Singvögel vom Ei aufziehen zu müssen – eine Aufgabe, die der Pflege

eines Sieben-Monats-Babys nahekommt. Aber auch in späteren Stadien, wenn die kleinen Monster mit Federn und offenen Augen schon ganz manierlich aussehen, ist es keineswegs leicht, die Rolle der vom Morgengrauen bis zur Abenddämmerung ums Wohl ihrer Kleinen bemühten Vogeleltern zu übernehmen. Wer nicht sehr viel Zeit und eine Menge Geduld hat, sollte es gleich bleiben lassen.

Verglichen damit sind die »technischen« Voraussetzungen für eine erfolgreiche Aufzucht nicht schwindelerregend. Zunächst einmal müssen vor allem noch spärlich befiederte Vogelkinder warm gehalten werden. Als Wärmequelle eignet sich jede Schreibtischlampe mit einer 40-Watt-Birne, die man 10–20 cm überm Boden des Kartons anbringt, in dem unser Schützling anfangs am besten untergebracht wird. Die Wärme unter der Lampe sollte man mit der Hand, mit dem Thermometer (etwa 35°C) oder an der Reaktion der Küken überprüfen und durch Änderung des Abstands optimieren. Kükenfutter muss genügend tierisches Eiweiß enthalten, was alle wachsenden Organismen brauchen. Die geeignetsten der jederzeit leicht verfügbaren Eiweißquellen sind Magerquark und Hackfleisch. Damit kann man fast alle Jungvögel aufziehen. Da beides genügend Wasser enthält, braucht auch nicht getränkt zu

Amseljunge als typische Nesthocker werden 12–19 Tage von ihren Eltern (oben das Weibchen) im Nest gefüttert.

Die meisten Jungvögel sind auch nach dem Verlassen des Nestes noch einige Tage oder Wochen von ihren Eltern abhängig – hier zwei Hausrotschwänze.

werden. Auch wenn die Eltern eher zu den Vegetariern gehören (wie Enten, Hühner, Tauben und die Körnerfresser unter den Singvögeln), brauchen ihre Jungen fast immer zumindest einen gewissen Anteil an tierischem Eiweiß in ihrem Futter. In der Natur besteht dies meist aus Insekten und kleinen Boden- oder Wassertieren.

Nur die Tauben haben eine den Säugetieren ähnliche Eiweißquelle »erfunden«: Sie füttern ihre Jungen mit einer milchartigen Ausscheidung ihres Kropfes, die mehr oder weniger mit vorgeweichten Körnern angereichert ist. Wer eine junge Taube aufziehen möchte (oder muss), kann diese Kropfmilch durch einen Brei aus Quark, Hackfleisch, weichen Haferflocken und auf-

geweichtem Brot ersetzen. Mit einer weitlumigen, vorne in der Gasflamme abgerundeten Pipette flößt man dem Schützling das ganze (notfalls mit sanfter Gewalt) so lange ein, bis er die Aufnahme verweigert. Da junge Tauben ziemlich viel zu sich nehmen können, genügt es bei ihnen ausnahmsweise, wenn man sie nur zwei- oder dreimal am Tag füttert.

Im Gegensatz zur Taubennahrung sollte das Kükenfutter für alle anderen Vögel (auch die Nesthocker) nie breiig, sondern stets krümelig sein. Wie man von der Aufzucht von Hühner- und Entenküken weiß, zieht man sie mit einer vielseitigen Kost aus gekochten Eiern, frischem Grünzeug (Brennnesseln, Salat, Spinat, Gras) – alles fein gehackt –

sowie Haferflocken, gekochter Hirse oder grobem Gries (später ganzen Weizenkörnern) auf. Etwas schwieriger ist die Futterbeschaffung bei der Aufzucht von jungen Kiebitzen, anderen Nestflüchtern aus der Watvogelgruppe und den meisten Nesthockern. Die reinen Fleischfresser (Naturnahrung: Insekten, Würmer usw.) haben keinerlei Appetit auf Haferflocken und Körnermüsli. Hackfleisch ist für sie meist die beste Ersatznahrung, zumindest für den Anfang, wobei man sehr wässrigen Hackepeter an der Luft ausgebreitet ein wenig trocknen sollte – aber immer nur kleine, frische Portionen (Vorrat einfrieren). Notfalls kommt auch bei diesen Jungvögeln krümelig trockener Quark (abtropfen lassen, pressen oder kochen), gegebenenfalls durch Zusatz von Semmelbröseln entwässert, als Babynahrung infrage. Auf längere Sicht sollte man sich aber, zumindest zusätzlich, Mehlwürmer im Anglergeschäft oder – besser noch – lebende Grillen beziehungsweise Weichfresserfutter in der Zoohandlung besorgen.

Lebendfutter hat gegenüber jeder anderen Nahrung zwei große Vorteile: Es enthält neben dem Eiweiß die richtige Flüssigkeitsmenge und die nötigen Vitamine und Mineralstoffe. Relativ leicht zu beschaffen sind lebende Mehlwürmer. Bei kleinen Vogeljungen muss man die goldgelben Würmer eventuell –

auch wenn es schwerfällt – in Stücke schneiden. Sehr wertvoll als Nahrung für Vogeljunge sind auch Ameisen-Puppen und -Eier. Da die großen Haufen der Waldameise geschützt sind, muss man unter Steinen oder in selten gemähten Wiesen nach den teils unterirdischen Nestern der Rasenameisen suchen.

Wer keinen Zugang zu Ameisen, Mehl- (oder Regen-)Würmern hat, sollte sich in der Apotheke ein Vitamin- und ein Mineralstoff-Präparat (zumindest Kalk) besorgen und in kleinen Dosen der Ersatznahrung aus dem Supermarkt zusetzen.

Was die Fütterungszeiten anlangt, so geht es leider selten so bequem wie bei den Tauben. Je kleiner ein Vogel ist, desto häufiger muss man ihn füttern – was mit seinem raschen Wachstum einerseits und seiner relativ geringen Aufnahmekapazität andererseits zusammenhängt. Eine Ausnahme bilden junge Mauersegler. Sie sind von ihren freiheitsliebenden Eltern darauf getrimmt, nur zwei- oder dreimal am Tag, dann aber mit einem haselnussgroßen, mit Speichel verklebten Futterballen aus Hunderten von Fluginsekten versorgt zu werden. Alle anderen Kleinvögel müssen in der Regel mindestens zehnmal am Tag geatzt werden. Die Fütterungsintervalle hängen davon ab, wie nahrhaft die Nahrung ist, wieviel je Mahlzeit aufgenommen wird und wie lang der Fütterungstag ist. Als

Faustregel kann man sagen: Junge Vögel brauchen am Tag etwa die Hälfte ihres eigenen Gewichtes an hochwertiger Nahrung, verteilt auf 10–12 Fütterungen.

Bei den Jungen von Körnerfressern (Sperling, Buchfink, Girlitz, Grünling, Stieglitz, Erlenzeisig, Gimpel, Goldammer usw.) sollte man zum Ende der Fütterungsperiode hin zunehmend auch eingeweichte oder halbreife Sämereien verfüttern. Bevor die flugfähigen Vögel freigelassen werden, müssen sie selbständig Sämereien vom Boden aufpicken und von samentragenden Unkräutern (Disteln, Vogelmiere, Gräser usw.), die man ihnen in den Käfig stellt, ablesen können.

Der gefahrvolle Weg in die Freiheit

Damit sind wir beim heikelsten Punkt der Jungenaufzucht: ihrer Freilassung oder Auswilderung. Wie schon angedeutet, gewöhnen sich junge Vögel in der Obhut des Menschen nicht nur an derlei aus der Art geschlagene Ammen, sondern sie halten sie in manchen Fällen gar für ihresgleichen. Konrad Lorenz hat diese frühkindliche Hinwendung zu irgendwelchen »Bezugspersonen« mit Elternfunktion als Prägung bezeichnet. Was in seinen Büchern und Filmen komisch und anrührend zugleich wirkt – wenn seine Dohlen mit

ihm Landpartien machen und ihm ins Ohr balzen oder seine Graugänse wie am Gummiband hinter ihm her schwimmen –, ist in Wirklichkeit eher eine Tragödie. Dann nämlich, wenn solche Tiere ihren Elternersatz auch als Kumpan und Geschlechtspartner ansehen und sich nicht mehr artgerecht verhalten.

Nicht minder tragisch wirkt sich das Zutrauen zum Menschen in vielen Fällen von Freilassung aus. Bei Kleinvögeln ist die Gefahr vielleicht nicht so groß, dass sie ihre Vertrauensseligkeit (oft auch gegenüber Hunden und Katzen) mit dem Tod bezahlen müssen oder keinen Anschluss an Artgenossen finden. Vielleicht nehmen wir ihr tragisches Ende aber auch nicht so leicht wahr wie bei handzahmen Krähenvögeln, Möwen oder Rallen. Während Kleinvögel meist rasch unserem Blickfeld entschwinden, bleiben größere Vögel oft noch lange freifliegend in der Nähe ihrer verkehrten Heimat. Und dann muss man leider immer wieder erleben, wie sie in dieser unnatürlichen Umwelt bald auf irgendeine Weise zu Tode kommen – nicht selten durch unvernünftige Menschen, die in jedem zutraulichen Wildtier einen Tollwutträger vermuten oder einfach nur ihrem archaischen Jagdinstinkt folgen. Immerhin gibt es aber auch viele Beispiele für eine geglückte »Abnabelung« durch langsames Verwildern zunächst sehr anhänglicher Tiere.

So wunderbar das Gefühl ist, von einem scheuen Wildtier akzeptiert (geliebt?) zu werden, so anrührend und schmeichelhaft das grenzenlose Vertrauen eines Wehrlosen ist, wir sollten es nicht fördern, sondern möglichst verhindern, wenn wir dem Tier eines Tages die Freiheit geben wollen. Eine Grundregel lautet: Je später in der Jugendentwicklung ein Tier in unsere Obhut gelangt, desto geringer ist die Chance/Gefahr, völlig zahm zu werden. Bei Vögeln nimmt man gewöhnlich das »Igelstadium« als Prägungsgrenze, wenn das Großgefieder an Schwanz und Flügeln noch in den hornartigen Hüllen steckt. Im Einzelfall kann das aber recht unterschiedlich sein, so dass man ganz allgemein gut daran tut, nicht zu intim mit seinem Schützling zu werden. Zwar erleichtert geringe Scheu das Füttern, im Interesse seines weiteren Lebens sollte man aber alles tun, um die natürliche Scheu vor unsereinem zu erhalten und zu fördern. Am besten hantiert man möglichst wenig, möglichst kurz, möglichst verborgen am Jungvogel. Es empfiehlt sich, Käfig oder Schachtel mit einem hellen Tuch abzudecken, damit sich der Vogel einerseits nicht aufregt, andererseits nicht an die Nähe der Menschen gewöhnt. Nützlich kann auch ein Kumpan der gleichen Art (notfalls einer anderen Vogelart) sein, um eine zu starke Fixierung auf den Menschen zu vermeiden.

Patienten

Immer wieder werden verletzte Vögel gefunden. Wenn sie einer Katze in die Fänge gerieten, kann man meist äußere Verletzungen feststellen, ebenso bei vielen Verkehrsopfern. Vögel, die gegen eine Fensterscheibe geflogen sind oder nur mäßige Bekanntschaft mit einem fahrenden Auto gemacht haben, sehen äußerlich oft unverletzt aus (außer etwas Blut am Schnabel), können innerlich aber mehr oder weniger stark geschädigt sein. Oft sind sie nach einem nicht zu heftigen Zusammenprall auch nur eine Weile (bis zu einigen Stunden) benommen und können dann wieder fliegen. Darum sollte man einen Vogel ohne erkennbare Wunden am besten in eine oben offene, nicht zu enge und nicht zu hohe Schachtel (Karton oder Gefäß) setzen und 2–3 Stunden an einen ruhigen, katzensicheren, schattigen Platz im Freien stellen. Wenn der Patient nach dieser Zeit nicht weggeflogen ist, muss man entscheiden, was zu tun ist. Grundsätzlich kommen drei Möglichkeiten infrage:

1 Der Vogel fliegt auch nach einigen Stunden nicht weg, macht aber sonst einen gesunden Eindruck (offene Augen, kein stark gesträubtes Gefieder, Reaktionsvermögen). So einen Patienten kann man einige Tage in Pflege nehmen, bis er wieder richtig fliegen kann.

2 Der Vogel hat ein gebrochenes Bein oder einen gebrochenen (hängenden) Flügel. Wenn er ansonsten einen guten Ein-

Dem Verkehr fallen leider sehr viele Vögel zum Opfer, darunter auch solche, die man selten zu Gesicht bekommt. Dieser Ziegenmelker wurde flugunfähig, aber ohne erkennbare Verletzungen auf einer Landstraße gefunden und konnte nach einwöchiger Pflege wieder freigelassen werden.

druck macht (siehe oben),
kann man ihn zum Tierarzt
nehmen, um Bein oder Flügel
fachkundig schienen oder
ruhig stellen zu lassen. Eine
mindestens zwei- bis dreiwö-
chige Pflegezeit wird sich
anschließen.

3 Einen sehr stark verletzten Vogel, dessen Zustand sich nach
einigen Stunden nicht ver-
bessert, sondern verschlech-
tert hat, sollte man rasch und
schmerzlos töten – am besten, indem man ihn (gegebenenfalls in einem Tuch oder
Beutel) kräftig auf einen harten Boden schleudert. Wer
diesen Akt der richtig verstan-
denen Tierliebe nicht über
sich bringt, sollte einen Freund
oder Nachbarn darum bitten.

An äußeren Verletzungen findet
man meist Brüche der Beine
oder Flügel, Schädigungen am
Kopf (Schnabel, Augen, Schädel)
oder Fleischwunden am Körper.
Tierärztliche Hilfe in Anspruch zu
nehmen, ist im Allgemeinen nur
bei Brüchen der Extremitäten
sinnvoll. Kopfverletzungen sind
sehr unterschiedlich zu bewer-
ten: Schürfungen der Schädel-
decke heilen meist ohne Hilfe.
Der Verlust eines Auges senkt
die Überlebens-Chancen in freier
Wildbahn erheblich, weshalb
es sinnvoll erscheint, zwischen
den Möglichkeiten dauernder
Obhut oder Tötung zu entscheiden. Beim Verlust beider Augen
kommt wohl nur die letzte

Dieser junge Waldkauz genießt offensichtlich die Fütterung aus zarter Hand.

Möglichkeit in Betracht. Stärkere
Schnabelverletzungen machen
oft die aktive Nahrungsaufnahme
auf Dauer unmöglich und Füttern
wird zur Qual; auch solchen Patienten ist mit einem raschen
Tod mehr gedient.
Das Gesetz schreibt die Freilassung genesener Wildtiere vor,
um dem unrechtmäßigen Fan-
gen und Halten entgegenzuwir-
ken. Auf Dauer invalide (z.B. flug-
unfähige) Vögel haben jedoch in

freier Wildbahn keine Chance,
während sie in menschlicher
Obhut oft noch viele Jahre leben
können. Sollten Sie selbst eine
so langfristige Verpflichtung nicht
übernehmen können, besteht
die Möglichkeit, solche Patienten
an Tierheime oder Zoos abzugeben.
Für die Haltung und Fütterung
der Vogelpatienten gilt das
bereits im Abschnitt über die
Jungvögel Gesagte.

Noch nicht selbständige Jungvögel erkennt man meist am noch kurzen Schwanz und an den gelben Schnabelwülsten; hier eine Amsel.

Eigenverantwortung

Erlauben Sie mir, verehrte Leserin, lieber Leser, einige persönliche Bemerkungen zum Schluss. Als altgedienter Natur- und Vogelschützer bekomme ich das ganze Jahr über Anrufe, bei denen es mir einige Mühe kostet, immer wieder geduldig und freundlich Rat zu erteilen. In Wirklichkeit ist es zum Verzweifeln, wenn man ständig erlebt, wie hilflos, unselbständig, naturfremd viele Menschen heute sind. Es geht ja noch, wenn jemand um Rat fragt, der einen verletzten Vogel gefunden hat. Bei schwer lädierten, hoffnungslosen Fällen ist es allerdings kaum je möglich, der Anruferin (meist sind es Frauen) zu empfehlen, das arme Tier so schnell wie möglich von seinen Qualen zu befreien. Dabei hat auf die Natur übertragene menschliche Ethik nichts mit Naturverständnis, Natur- oder Tierliebe zu tun. Aber sagen Sie das mal einem! Also bringt man mir die Vögel oder ich hole sie und muß dann selbst entscheiden, welches die beste Lösung ist.

Ungeduldiger werde ich, wenn die Leute wegen jedem Jungvogel, der ihnen über den Weg läuft, nicht nur mich, sondern auch Polizei, Feuerwehr, Rettungsdienst und was es sonst so alles gibt alarmieren. Da frage ich mich oft, wie es um die schulischen oder selbst erfahrenen Naturkenntnisse heutzutage steht. Alle wissen, dass man Rehkitze nicht anfassen soll, weil die Mütter den menschlichen Geruch scheuen. (Wie oft es wirklich nachgewiesen wurde, dass ein berührtes Kitz nicht mehr angenommen wurde ... ich weiß es nicht.) Aber warum weiß offenbar niemand, dass Vögel keinerlei derartige »Berührungsängste« haben? Warum lernt man in der Schule nicht, dass der Geruchssinn im Leben der Vögel eine viel geringere Rolle spielt als bei vielen Säugetieren? Zumindest sollten die Leute doch wissen, dass junge Vögel seit mindestens hundert Jahren im Rahmen der Vogelzugforschung beringt werden – woraus man ja schließen könnte, dass es nichts schadet, einen jungen Vogel in die Hand zu nehmen, z.B. um ihn an einen sicheren Platz zu setzen, wo ihn seine Eltern finden und weiter versorgen können.

Ganz schlimm ist jene Art von falschem Alarm, der auf völlig unzulänglicher Naturbeobachtung (und vielleicht einer Portion Sensationslust) beruht. Neulich rief mich die Polizei an, eine Urlauberin hätte einen Schwan bemerkt, der an Land schwer gehumpelt und sich immer wieder hingesetzt hätte. Es stellte sich heraus, dass der Vogel bei bester Gesundheit war: Schwäne bewegen sich nun mal an Land schwerfällig.

Aus all diesen Gründen habe ich in diesem Buch versucht, vor allem die Grundkenntnisse über die Natur im Allgemeinen und über die Gartenvögel im Besonderen zu verbessern, um es Ihnen zu erleichtern, selbst die richtigen Entscheidungen zu treffen. Natürlich können meine Hinweise kein Biologiestudium ersetzen. Ich hoffe aber, Ihnen Lust an der Naturbeobachtung und einen daraus erwachsenden Mut zur Eigenständigkeit, zum gesunden Menschenverstand, zum Instinkt, wenn Sie so wollen, gemacht zu haben. Es gibt keine (oder nur sehr allgemeine) Rezepte für den Umgang mit Natur.

➤ Adressen

ALA Schweizerische
Gesellschaft für Vogelkunde
und Vogelschutz
Krähenbergstr. 53
CH-2543 Lengnau BE
Tel. 041-65-525895

Biologische Station Serrahn
D-17237 Serrahn/Neustrelitz

BUND Bundesgeschäftsstelle
Im Rheingarten 7
D-53225 Bonn
Tel. 0228-400970

Institut für Vogelforschung
»Vogelwarte Helgoland«
An der Vogelwarte 21
D-26386 Wilhelmshaven
Tel. 04421-61800

Landesbund für Vogelschutz
(LBV)
Landesgeschäftsstelle
Eisvogelweg 2
D-91161 Hilpoltstein
Tel. 09174-47750

Naturschutzbund Deutschland
(NABU)
Bundesgeschäftsstelle
Herbert-Rabius-Str. 26
D-53225 Bonn
Tel. 0228-975610

NABU Baden Württemberg
Tübinger Str. 15
D-70178 Stuttgart
Tel. 0711-966720

NABU Berlin
Hauptstr. 13
D-13055 Berlin
Tel. 030-9864107

NABU Bremen
Contrescarpe 8
D-28203 Bremen
Tel. 0421-3398428

NABU Hamburg
Habichtstr. 125
D-22307 Hamburg
Tel. 040-6970890

NABU Hessen
Garbenheimerstr. 32
D-35578 Wetzlar
Tel. 06441-45043

NABU Mecklenburg-
Vorpommern
August-Bebel-Str. 2
D-18055 Rostock
Tel. 0381-4923990

NABU Nordrhein-Westfalen
Am Lippeglacis 10
D-46483 Wesel
Tel. 0281-338350

NABU Rheinland-Pfalz
Mittlere Bleiche 16
D-55116 Mainz
Tel. 06131-235147

NABU Saarland
Grabenstr. 22
D-66606 St. Wendel
Tel. 06851-4797

NABU Sachsen
Löbauer Str. 68
D-04347 Leipzig
Tel. 0341-2333130

NABU Sachsen-Anhalt
Schleinufer 18a
D-39104 Magdeburg
Tel. 0391-5619350

NABU Schleswig-Holstein
Carlstr. 169
D-24537 Neumünster
Tel. 04321-53734

NABU Thüringen
Dorfstr. 15
D-07751 Leutra
Tel. 03641-605704

Österreichische Gesellschaft
für Vogelkunde
Burgring 7
A-1014 Wien
Tel. 0043-1-934651

Österreicher Naturschutzbund
Haus der Natur
Arenberggasse 10
A-5020 Salzburg
Tel. 0043-662-642909

Schweizer Vogelschutz (SVS)
Zurlindenstr. 55
CH-8003 Zürich
Tel. 0041-1-4637271

Schweizer Bund für
Naturschutz (SBN)
Postfach
CH-4020 Basel
Tel. 0041-61-3127442

Schweizerische Vogelwarte
CH-6204 Sempach

Schweizerisches Landeskomitee
für Vogelschutz (SLKV)
Oberdorf
CH-8164 Bachs

Staatliche Vogelschutzwarte
Baden-Württemberg
Hermann-Schneider-Allee 47
D-76189 Karlsruhe

Staatliche Vogelschutzwarte
Bayern
Gsteigstr. 43
D-82467 Garmisch-Partenkirchen
Tel. 08821-2330

Staatliche Vogelschutzwarte
Hamburg
Steindamm 22
D-20099 Hamburg

Staatliche Vogelschutzwarte
für Hessen, Rheinland-Pfalz
und Saarland
Steinauer Str. 44
D-60386 Frankfurt

Staatliche Vogelschutzwarte
Niedersachsen
Postfach 107
Hannover

Staatliche Vogelschutzwarte
Nordrhein-Westfalen
Leibnitzstr. 10
D-45659 Recklinghausen

Staatliche Vogelschutzwarte
Sachsen-Anhalt
D-39264 Steckby

Staatliche Vogelschutzwarte
Thüringen
Lindenhof 3
D-99846 Seebach

Staatliche Vogelschutzwarte
Schleswig-Holstein
Olshausenstr. 40-60
D-24118 Kiel

Vogelschutzwarte des Landes
Brandenburg
Rietzer See
D-14778 Schenkenberg

Vogelwarte Hiddensee
D-18565 Kloster/Hiddensee

Vogelwarte Radolfzell
Am Obstberg 1
D-78315 Radolfzell
Tel. 07732-1500

Bezugsadresse für Futter- und
Nistgeräte:
Schwegler Vogel- und
Naturschutzprodukte
Heinkelstr. 35
D-73614 Schorndorf
Tel. 07181-5037, Fax 5039

➤ Literatur

Bezzel, E.: Vögel beobachten; BLV Verlagsges., München-Wien-Zürich, 1996

Bezzel, E.: Vögel; BLV Bestimmungsbuch mit Schnellbestimm-System; BLV Verlagsges., München-Wien-Zürich, 1996

Bezzel, E.: BLV Handbuch Vögel; BLV Verlagsges., München-Wien-Zürich, 1996

Bruun, B., H. Delin, L. Svensson: Der Kosmos-Vogelführer – Die Vögel Deutschlands und Europas; Franckh'sche Verlagshandlung, Stuttgart, 1993

Ferguson-Lees, J. & I. Willis: Vögel Mitteleuropas; BLV Verlagsges., München-Wien-Zürich, 1987

Frisch, O.v.: Gartenvögel – Liebenswerte Gäste im Sommer und Winter; Gräfe und Unzer, München, 1992

Heinzel, H., R. Fitter, J. Parslow: Pareys Vogelbuch – Alle Vögel Europas, Nordafrikas und des Mittleren Ostens; Verlag Paul Parey, Hamburg und Berlin, 1996

Jonsson, L.: Die Vögel Europas und des Mittelmeerraumes; Franckh-Kosmos, Stuttgart, 1992

Keil, W.: Artgerechte Vogelfütterung im Winter; Falken-Verlag, Niedernhausen, 1989

Keil, W.: Artgerechte Niststätten für heimische Vögel; Falken-Verlag, Niedernhausen, 1991

Kightley, C., S. Madge, D. Nurney: Taschenführer Vögel – Alle Arten Mitteleuropas; BLV Verlagsges., München-Wien-Zürich, 1998

König, C.: Vögel Mitteleuropas; Verlag Das Beste, Stuttgart, 1988

Lohmann, M.: Vögel-Bestimmen auf einen Blick; BLV Verlagsges., München-Wien-Zürich, 1996

Peterson, R., G. Mountfort, P.A.D. Hollom: Die Vögel Europas; Verlag Paul Parey, Hamburg und Berlin, 1985

Rohrbach, C.: Unser Vogelhäuschen; Franckh'sche Verlagshandlung, Stuttgart, 1992

Ruge, K.: Helft den bedrohten Vögeln; Otto Maier Verlag, Ravensburg, 1982

Schreiber, R. L.: Tiere auf Wohnungssuche; Landwirtschaftsverlag, Berlin, 1993

Schulze, A.: Vogeltips für jedermann (mit Kassette); Ehrenwirth Verlag, München, 1994

Singer, D.: Vogeltreffpunkt Futterhaus – Vögel am Futterplatz bestimmen und sinnvoll füttern; Franckh'sche Verlagshandlung, Stuttgart, 1993

Singer, D.: Vögel in Park und Garten; Franckh-Kosmos, Stuttgart, 1993

Specht, R.: Singvögel in Wald, Park und Garten; Franckh-Kosmos, Stuttgart, 1992

Thiede, W.: Vögel – Die heimischen Arten erkennen und bestimmen; BLV Verlagsges., München-Wien-Zürich, 1998

➤ Vogelstimmen auf CD

Roché, J. C.: Die Stimmen der Vögel Mitteleuropas auf CD; Franckh-Kosmos, Stuttgart, 1995

Roché, J. C. & D. Singer: Die Vögel Mitteleuropas und ihre Stimmen – 283 Vogelarten und ihre Stimmen mit Bestimmungsbuch; Franckh-Kosmos, Stuttgart, 1997

Vogelstimmen am Meer – 25 heimische Vögel auf CD; BLV Verlagsges., München-Wien-Zürich, 1996

Vogelstimmen am Wasser – 25 heimische Vögel auf CD; BLV Verlagsges., München-Wien-Zürich, 1995

Vogelstimmen im Gebirge – 25 heimische Vögel auf CD; BLV Verlagsges., München-Wien-Zürich, 1996

Vogelstimmen im Wald – 25 heimische Vögel auf CD; BLV Verlagsges., München-Wien-Zürich, 1995

Vogelstimmen in Feld und Flur – 25 heimische Vögel auf CD; BLV Verlagsges., München-Wien-Zürich, 1995

Vogelstimmen in Park und Garten – 24 heimische Vögel auf CD; BLV Verlagsges., München-Wien-Zürich, 1995

➤ Register